本书的写作受陕西省社科基金项目《"十三五"期间陕西区:
（2015D061）资助

经济管理学术文库·经济类

陕西区域发展回顾与展望

Review and prospect of regional
development in Shanxi

郁　鹏／著

经济管理出版社
ECONOMY & MANAGEMENT PUBLISHING HOUSE

图书在版编目（CIP）数据

陕西区域发展回顾与展望/郁鹏著.—北京：经济管理出版社，2017.9
ISBN 978 - 7 - 5096 - 5262 - 6

Ⅰ.①陕…　Ⅱ.①郁…　Ⅲ.①区域经济发展—研究—陕西　Ⅳ.①F127.41

中国版本图书馆 CIP 数据核字（2017）第 183842 号

组稿编辑：谭　伟
责任编辑：谭　伟
责任印制：司东翔
责任校对：陈　颖

出版发行：经济管理出版社
　　　　　（北京市海淀区北蜂窝 8 号中雅大厦 A 座 11 层　100038）
网　　　址：www. E - mp. com. cn
电　　　话：（010）51915602
印　　　刷：北京玺诚印务有限公司
经　　　销：新华书店
开　　　本：720mm × 1000mm/16
印　　　张：13.75
字　　　数：201 千字
版　　　次：2017 年 9 月第 1 版　　　2017 年 9 月第 1 次印刷
书　　　号：ISBN 978 - 7 - 5096 - 5262 - 6
定　　　价：58.00 元

本书的写作受陕西省社科基金项目《"十三五"期间陕西区域发展前瞻性问题研究》（2015D061）资助

前　言

　　本书写作的直接原因是我在 2015 年申请的陕西省社会科学基金项目《"十三五"期间陕西区域发展前瞻性问题研究》，间接的原因则要从我 2008 年硕士研究生毕业到陕西参加工作说起。在参加工作的这段时间里，参与了陕西省多个地区的区域发展战略规划编制，同时出于区域经济学专业的地理敏感性，在陕西各地旅行的经历也不断让我思考陕西区域发展的方方面面。

　　因此，有关陕西区域发展的种种想法一直在头脑里萦绕，并且不断求证，其中也有部分文章公开发表，但是仍然不能有个系统的想法。直到 2015 年，我申报的陕西省社会科学基金项目获批，才不得已硬着头皮边写边想边改，逐步形成了今天呈现在读者面前的这个模样。对于这本书，我深知自己的思考还很不成熟甚至是非常拙劣，但我仍希望通过自己的努力观察，表达对陕西区域发展的关注和期待。

　　本书的结构安排遵循大历史的视角，先从西部大开发以来陕西区域发展的回顾开始，接着分别考察陕西建设内陆改革开放新高地战略、陕西在丝绸之路经济带上的战略定位，然后是陕西内部关中、陕南、陕北三大区域的协同发展以及关中城市群、西安国家中心城市、西咸新区现代田园城市建设，最后是展望陕西 2050 区域发展框架。本书既有理论梳理，又有实证检验，还有政策过程，力求能够为陕西区域发展提供一个解释框架。

综上所述，希望本书的出版能够为自己前期的思考做一个记录，同时也作为鞭策自己不断前行的动力，另外书中还有不完善的地方，期待在以后的工作学习中不断完善。最后，我要向很多人表达谢意，恕不能一一列举。首先，要感谢的是咸阳师范学院罗利丽教授，可以说没有罗老师就没有这本书的面世。正是因为她当时不厌其烦地让我申报项目，才有了后来的一切，当然本书存在的任何问题都由自己负责。另外，要感谢的是经济管理出版社的编审谭伟老师，在整个出版过程中，谭老师的职业精神和敬业精神让我感动，可以说没有他的督促和付出，这本书不知道什么时候才能面世。

作者
2017 年 5 月

目　录

第一章　西部大开发以来陕西区域发展回顾

　　区域经济非均衡发展是世界各国经济发展中面临的共同问题，如果这种不平衡过大，将会对国家社会经济发展、民族团结和政治稳定产生极大的消极影响。自改革开放以来，我国经济体制和经济政策几经重大变革，但地区社会经济发展差距总体上呈扩大趋势，东部沿海地区发展较快、西部地区发展相对滞后的区域不均衡特征明显，已成为我国社会经济实现整体飞跃的制约因素。在这一背景下，1999 年 9 月，中共十五届四中全会正式明确提出国家要实施西部大开发战略。2000 年 1 月，国务院西部地区开发领导小组召开西部地区开发会议，研究加快西部地区发展的基本思路和战略任务，部署实施西部大开发的重点工作，标志着西部大开发战略全面启动。西部大开发战略实施以来，在中央政府财政倾斜和有关优惠政策的驱使下，陕西的经济社会发展取得了显著的成效，在全国劳动地域分工中的地位不断提高，人民群众获得感也不断增强。

一、西部大开发以来陕西区域发展特征

西部大开发以来，陕西省地区生产总值年均增长率达到 12.30%，位居全国前列，但是 2008 年至今经济增速整体呈现出较为明显的下滑趋势。从陕西省在全国的地位来看，其地区生产总值占全国的比重不断提高，但在 2015 年有所回落，经济增长率在 2015 年更是大幅下滑。与此同时，陕西省产业结构不断优化调整，新型城镇化进程加速推进，在西咸新区带动下西安、咸阳两市加速一体化，西安建设国家中心城市的进程不断加快。

（一）经济增长率位居全国前列

2000～2015 年，陕西省地区生产总值年均增长率达到 12.30%，仅次于内蒙古自治区、天津市、重庆市，居全国第四位（见图 1-1），为中国经济持续稳定增长做出了较为突出的贡献，在一定程度上反映出西部大开发战略对陕西省社会经济发展起到了较为明显的推动作用。

（二）后危机时代经济发展遭遇瓶颈

2001～2008 年，陕西省地区生产总值增速持续提升，经济发展推动力较强，于 2008 年达到极大值 16.4%。此后，在全球性金融危机的影响下，经济发展遭遇瓶颈，除了国家"四万亿计划"（2010 年）所造成的短暂上涨外，2008 年至今陕西省经济增速整体呈现出较为明显的下滑趋势，经济增长出现放缓的态势（见图 1-2）。

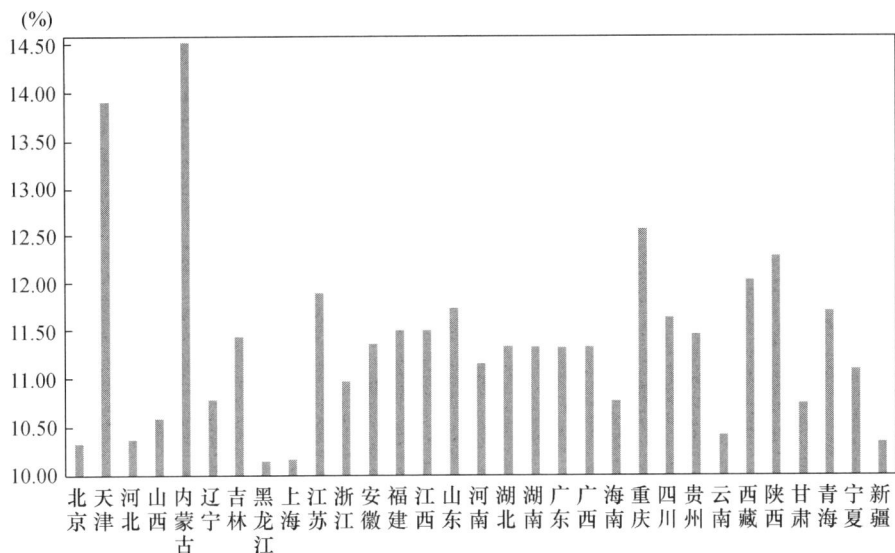

图 1 - 1 2000～2015 年中国省级行政单位地区生产总值年均增长率

数据来源：根据《中国统计年鉴》相关年份整理得到。

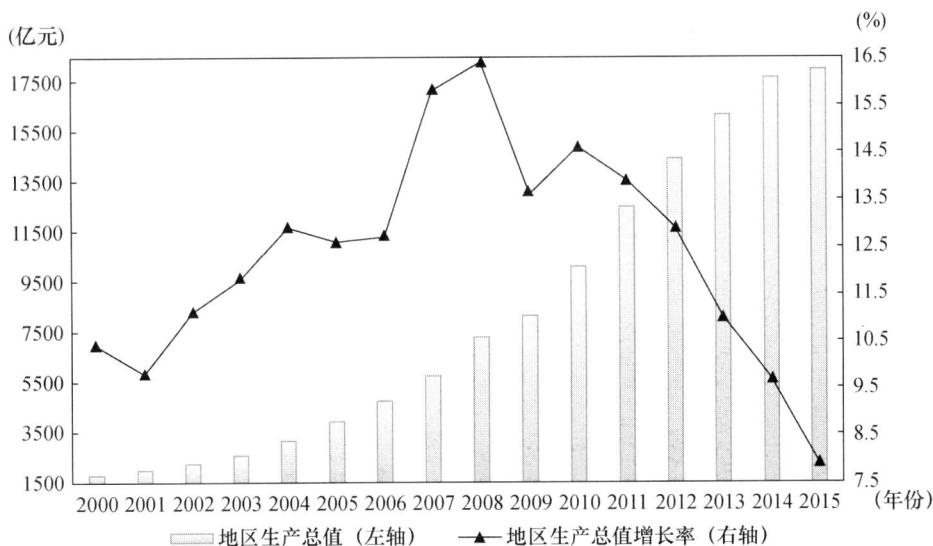

图 1 - 2 2000～2015 年陕西省地区生产总值及其增长率

数据来源：根据《陕西区域统计年鉴（2016）》整理得到。

（三）产业结构处于工业化后期阶段

2000～2015 年，陕西省产业结构不断优化调整，2009 年第一产业增加值占比首次低于 10%。根据郭克莎（2000）对产业结构的划分标准，陕西在这一节点上完成了由"工业化中期"阶段向"工业化后期"阶段的过渡，工业化发展在未来依旧是陕西省的主要经济战略。2013 年，陕西省第二产业迎来"库兹涅茨拐点"，其增加值占比在历经较长期增长后出现下滑趋势。根据已有的产业发展经验认为，这一递减趋势在未来将会持续，与第二产业增加值占比持续下降相对，第三产业增加值占比将会出现显著提升。当且仅当第三产业增加值占比超过第二产业增加值占比，陕西省将完成"工业化后期"阶段向"后工业化"阶段的转变（见表 1-1）。

表 1-1　2000～2015 年陕西省三次产业增加值占比情况　　　单位:%

年份	第一产业	第二产业	第三产业
2000	14.31	43.38	42.31
2001	13.11	43.71	43.18
2002	12.52	44.71	42.76
2003	11.70	47.19	41.11
2004	12.21	48.91	38.88
2005	11.08	49.61	39.32
2006	10.22	51.70	38.08
2007	10.29	51.87	37.83
2008	10.30	52.79	36.91
2009	9.67	51.85	38.48
2010	9.76	53.80	36.44
2011	9.76	55.43	34.81
2012	9.48	55.86	34.66
2013	9.02	55.00	35.99
2014	8.85	54.14	37.01
2015	8.86	50.40	40.74

数据来源：根据《陕西区域统计年鉴（2016）》整理得到。

（四）新型城镇化发展取得明显成效

2005～2015 年，陕西城镇化发展取得了显著进展，与全国平均水平之间的差距由 2005 年的 5.75% 缩小到 2015 年的 2.18%。国际城市化经验（诺瑟姆曲线）表明，当城镇化水平处在 30%～70% 这一区间时，城镇化率提升将进入快速发展阶段，但当城镇化水平超过 50% 以后，城镇化率的提升将进入减速阶段，即相对城镇化率水平处于 30%～50% 这一阶段，50%～70% 这一阶段城镇化率每提高 1% 就会消耗更长时间。2011 年全国城镇化率首次超过 50%，陕西为了追赶这一目标，次年其城镇化水平变动量高达 2.73%，与此后（2013～2015年）的城镇化变动量（基本保持在 1.28%～1.33% 这一区间）形成了鲜明对比，在一定程度上可以认为，2012 年陕西城镇化增速过快，有"揠苗助长"的嫌疑（见图 1-3）。新型城镇化发展核心是"以人为本"，要把社会经济发展的现实情况作为政策制定的基本依据，要正视城镇化发展速度的客观规律性，不可为了赶超某一目标而采取"揠苗助长"的政策。

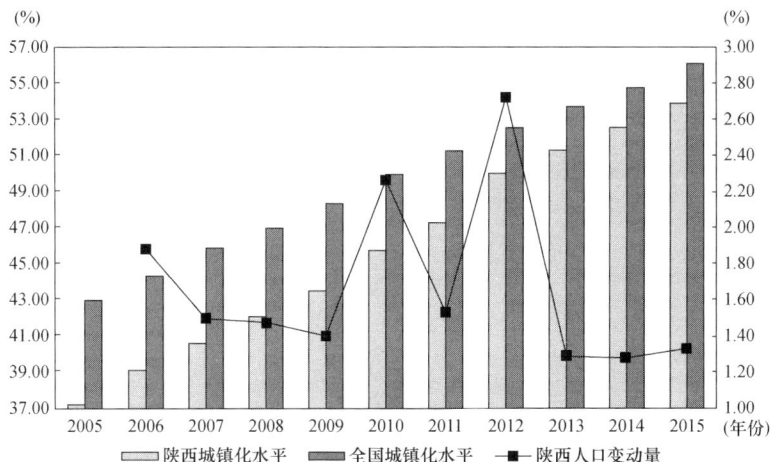

图 1-3　2005～2015 年陕西省人口变动情况及城镇化水平

数据来源：根据《中国统计年鉴》相关年份整理得到。

（五）首位城市的集聚能力持续提升

M. Jefferson（1939）提出城市首位律（Law of the Primate City）用以测度城镇体系中生产要素在最大城市的集中程度，并提出了"二城市指数"，即首位城市与第二位城市人口规模的比值，计算公式为 $S2 = P1/P2$；此后有学者将其引申为"四城市指数"，即首位城市与第二、第三、第四位城市人口规模之和的比值，计算公式为 $S4 = P1/(P2 + P3 + P4)$。按照位序—规模法则，"二城市指数"越接近2，"四城市指数"越接近1，表明首位城市的要素集聚能力越强。

对陕西省下辖的10个地级市人口规模进行排序，2000~2015年排名前三位的城市依次为西安市、渭南市和咸阳市；2000~2004年，排名第四位的城市是汉中市，2005~2015年，排名第四位的城市是宝鸡市。"二城市指数"和"四城市指数"的测度结果表明，陕西首位城市（西安市）生产要素的集聚能力不断增强，2009年在全省经济增速下滑的背景下，西安市人口要素集聚能力出现显著提升，一定程度上印证了"大城市优先增长"这一城市发展规律（见图1-4）。

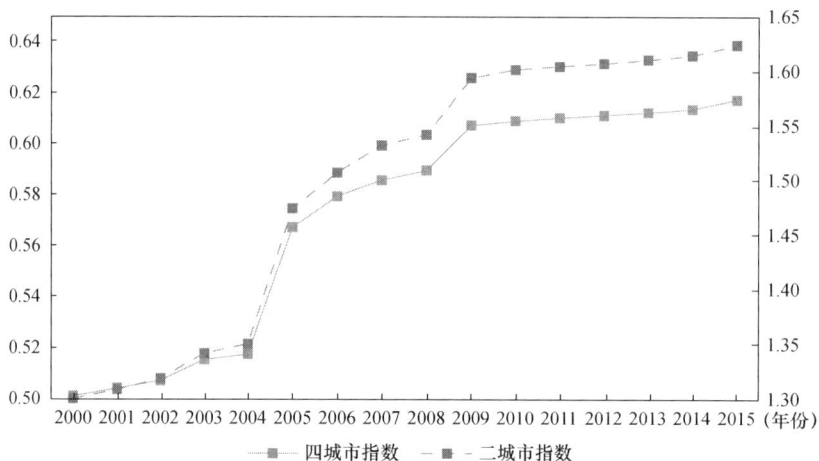

图1-4 2000~2015年陕西省地级市城市首位度变动情况

数据来源：根据《陕西区域统计年鉴（2016）》整理得到。

（六）城市体系结构未发生显著变动

基于总量角度，以《国务院关于调整城市规模划分标准的通知》（国发〔2014〕51号）为城市规模划分标准，对陕西省下辖的10个地级市进行识别，结果显示2000年的城市体系结构与2015年完全相同：2座特大城市（西安市和渭南市）；4座Ⅰ型大城市（榆林市、宝鸡市、咸阳市和汉中市）；3座Ⅱ型大城市（安康市、商洛市和延安市）；1座中等城市（铜川市），一定程度上可以反映出陕西省劳动力要素吸引能力不足（见表1-2）。

表1-2　2015年陕西省城市体系结构

城市规模		划分标准（城区常住人口）	2015年城市数量	2000年城市数量
超大城市		超过1000万人	0	0
特大城市		500万人~1000万人	2	2
大城市	Ⅰ型大城市	300万人~500万人	4	4
	Ⅱ型大城市	100万人~300万人	3	3
中等城市		50万人~100万人	1	1
小城市	Ⅰ型小城市	20万人~50万人	0	0
	Ⅱ型小城市	少于20万人	0	0

数据来源：同图1-2。

基于变动量（2015年人口数量减去2000年人口数量）角度，除西安市有183万人的明显正向人口增量外，其余城市的正向增量均不明显，而安康、商洛和汉中这三个地级市则出现了人口负向增长的情况，"大城市优先增长"这一城市发展规律使西安市的人口增量成为陕西省人口增量（149万人）的主要驱动力。相对而言，Ⅱ型大城市面临着城市衰退的风险，在国家"全面建成小康社会"这一大的宏观战略背景下，此类城市恰是"精准扶贫"的攻坚区域，需要引起格外关注。

（七）分布重心有东北向偏移的趋势

人口分布重心的概念是由美国学者弗朗西斯·沃尔克（Francis Walker）于 1874 年提出的，其定义为：假设一个地区的每个居民重量都相等，则在全部平面上力矩达到平衡的一点即为人口分布重心。其计算公式为：

$$\overline{X_P} = \frac{\sum_{i=1}^{n} P_i X_i}{\sum_{i=1}^{n} P_i}; \qquad \overline{Y_P} = \frac{\sum_{i=1}^{n} P_i Y_i}{\sum_{i=1}^{n} P_i} \qquad （式 1-1）$$

式 1-1 中，$\overline{X_P}$ 和 $\overline{Y_P}$ 分别为某地区人口分布重心的经纬度坐标，n 为组成该地域的行政区或统计区数目，P_i 为这些行政区或统计区人口数（文魁等，2014）。由此可得 2000~2015 年陕西省基于地市级层面的人口分布重心（见表 1-3）。

同理，将人口数用地区生产总值进行替代。由此可得 2000~2015 年陕西省基于地市级层面的经济分布重心（见表 1-3），其计算公式为：

$$\overline{X_{GRP}} = \frac{\sum_{i=1}^{n} GRP_i X_i}{\sum_{i=1}^{n} GRP_i}; \qquad \overline{Y_{GRP}} = \frac{\sum_{i=1}^{n} GRP_i Y_i}{\sum_{i=1}^{n} GRP_i} \qquad （式 1-2）$$

表 1-3　2000~2015 年陕西省基于地市级层面的人口、经济分布重心坐标

年份	$\overline{X_P}$	$\overline{Y_P}$	$\overline{X_{GRP}}$	$\overline{Y_{GRP}}$
2000	108.797	34.572	108.769	34.605
2001	108.797	34.573	108.777	34.644
2002	108.798	34.575	108.787	34.677
2003	108.799	34.580	108.802	34.706
2004	108.801	34.582	108.810	34.760
2005	108.811	34.596	108.854	34.907

年份	$\overline{X}_P$	$\overline{Y}_P$	$\overline{X}_{GRP}$	$\overline{Y}_{GRP}$
2006	108.811	34.595	108.878	34.992
2007	108.811	34.597	108.892	35.041
2008	108.811	34.598	108.912	35.112
2009	108.814	34.606	108.900	35.067
2010	108.815	34.608	108.916	35.122
2011	108.815	34.608	108.928	35.159
2012	108.815	34.607	108.925	35.163
2013	108.815	34.608	108.908	35.091
2014	108.815	34.609	108.901	35.049
2015	108.816	34.610	108.857	34.915

数据来源：同图1-2。

陕西省人口分布重心呈现出较为明显的东北向偏移趋势：2000年，人口分布重心大致位于"泾阳县中张镇西鸟村（陕西省咸阳市）"附近；2015年，人口分布重心向东北方向偏移至"泾阳县云阳镇居智村（陕西省咸阳市）"附近（见图1-5）。这在一定程度上可以反映出东北方向上的人口吸引能力相对于其他区域而言更强。

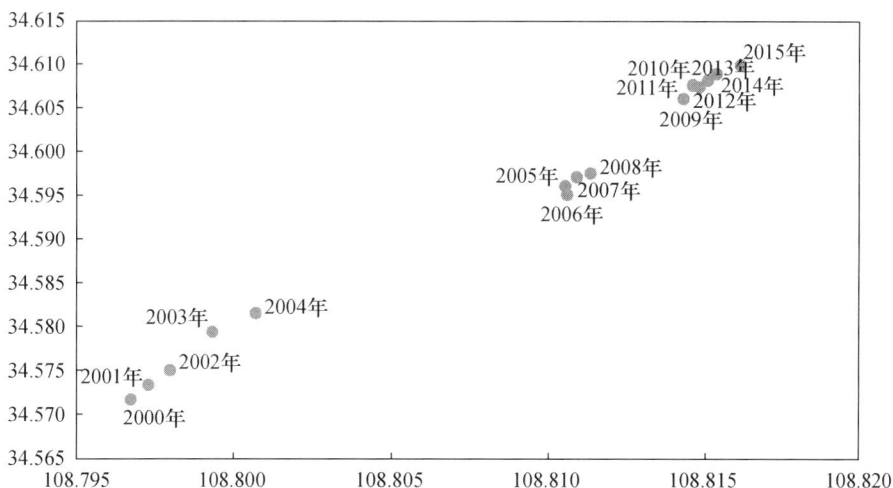

图1-5　2000～2015年陕西省人口重心演变轨迹（基于地市级层面）

数据来源：同图1-4。

2000～2012 年，陕西省经济分布重心与陕西省人口分布重心的偏移趋势相同，即朝东北方向偏移；2013～2015 年，这一偏移趋势发生逆转，即经济分布重心偏移趋势由东北方向转为西南方向。基于偏移量角度，相对于 2013～2014 年的偏移（经度变动量：-0.0075，纬度变动量：-0.0419）而言，2014～2015 年的偏移（经度变动量：-0.0433，纬度变动量：-0.1338）呈现出向西南方向加速偏移的趋势。2000 年，经济分布重心大致在"泾阳县云阳镇马家堡村（陕西省咸阳市）"附近；2012 年，经济分布重心大致在"耀州区瑶曲镇马鞍桥村（陕西省铜川市）"附近；2015 年，经济分布重心大致在"耀州区关庄镇七保村（陕西省铜川市）"附近（见图 1-6）。

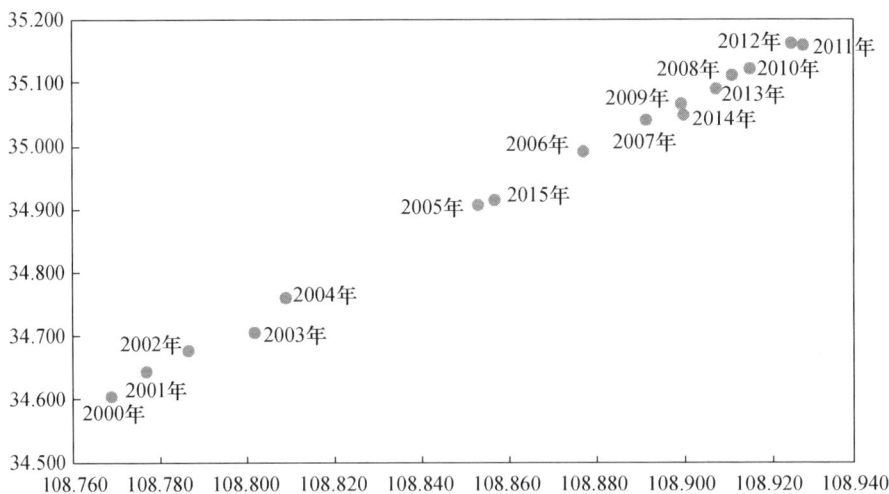

图 1-6　2000～2015 年陕西省经济重心演变轨迹（基于地市级层面）

数据来源：同图 1-4。

总体而言，2000～2015 年，人口分布重心的经纬度变动量分别为 0.019 和 0.038；经济分布重心的经纬度变动量分别为 0.088 和 0.310，即无论是人口分布重心，抑或是经济分布重心，纬度变化量（Y）皆大于经度变化量（X）。这在一定程度上可以认为，重心在进行偏移过程中，北方的作用强于东方。

二、陕西在全国及西部的地位变化

1999 年 9 月，中共十五届四中全会审议通过的《中共中央关于国有企业改革和发展若干重大问题的决定》首次明确提出，国家要实施西部大开发战略；2000 年 1 月，国务院正式成立西部地区开发领导小组。西部大开发战略在此后的"十五"计划、"十一五"规划、"十二五"规划，乃至当前的"十三五"规划都起到了极为重要而深远的作用，对促进西部地区经济发展作出了重要贡献。

（一）在全国的地位变化

陕西省地处中、西部地区的交界地带，与甘肃省（陇）、河南省（豫）、湖北省（鄂）、内蒙古自治区（蒙）、宁夏回族自治区（宁）、山西省（晋）、四川省（川）、重庆市（渝）8 个省级行政单位相毗邻，是中、西部地区经济发展的重要联系纽带之一。对此，陕西应充分发挥这一优良的区位优势，抓住中、西部地区经济发展的历史性机遇，实现社会经济的全方位发展。

1. 基于经济总量的视角

按全国排名（按降序排列）：2000 年陕西在全国 31 个省级行政区划单位（不包含港澳台地区）中列第 21 位，2015 年上升至第 15 位；按经济总量占比：陕西省地区生产总值占国民生产总值的比重从 2000 年的 1.83%，增长至 2015 年的 2.49%（见图 1-7）。自西部大开发战略施行以来，陕西经济发展取得了较为显著的成就，2000~2014 年占国民生产总值的比重持续上升；占比持续提升的趋势在 2015 年被打破，经济占比相较 2014 年下滑 0.09 个百分点，一定程度上反映了陕西省在这一时期经济增长相对滞后于全国平均水平。

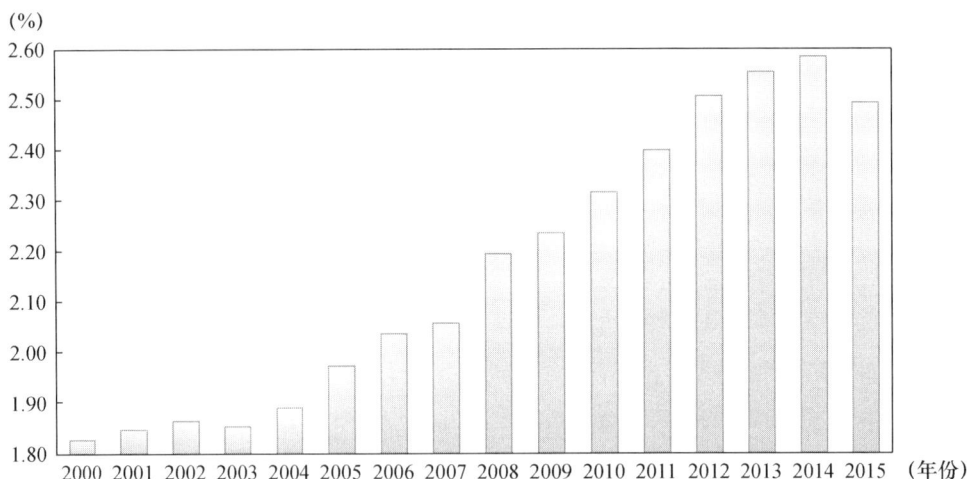

图 1-7　2000~2015 年陕西省地区生产总值占全国的比重

数据来源：同图 1-1。

2. 基于经济增长率的视角

陕西经济增速在西部大开发战略的初始阶段表现得并不是很理想：2000 年，陕西经济增速尚居全国第 8 名，但 2001~2005 年经济增速始终保持在第 12 名左右，2006 年甚至下滑至第 16 名。这在一定程度上可以反映出西部大开发战略施行的初始阶段，陕西经济尽管有所发展，但并未有效利用好这一重大发展机遇。2007 年，陕西经济增速跃居全国第 5 名，2008 年经济增速跻身全国第 3 名，然而两年的短暂繁荣后，经济增速排名回落至第 6~7 名，经济增速仍旧处于全国偏上水平，然而 2015 年陕西经济增速却由 2014 年的第 7 名直接跌落至第 21 名（见图 1-8）。这在一定程度上可以反映出，此时的陕西经济发展已然进入了瓶颈期，现有的经济发展模式无法适应未来的经济发展，需要探索经济发展新思路，培育经济增长新动能。

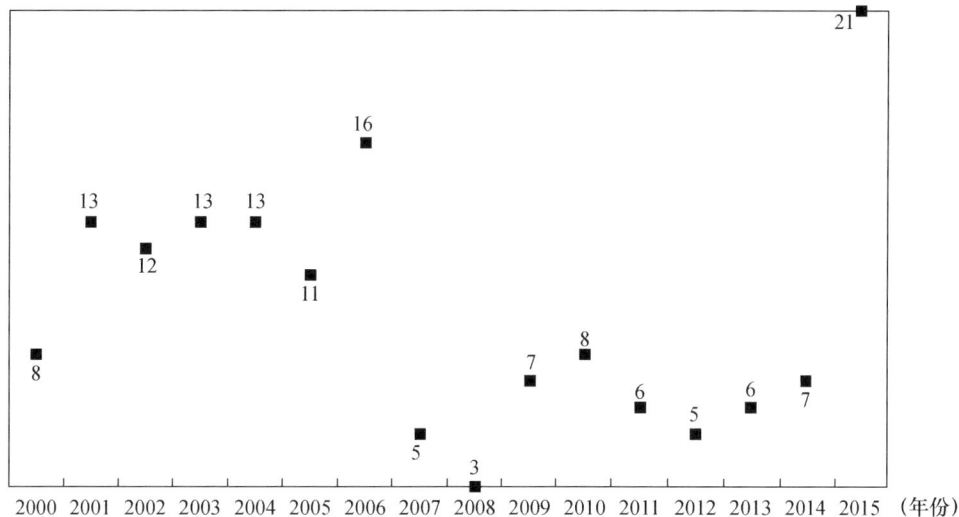

图 1 - 8　2000～2015 年陕西省经济增长率在全国位次的变动情况

数据来源：同图 1 - 1。

（二）在西部地区的地位变化

1. 基于经济总量的视角

伴随西部大开发战略的持续推进，陕西相较于西部地区部分省份而言攫取了更多收益。陕西地区生产总值占西部地区生产总值的比重由西部大开发战略初期的 10.44% 增长至 2014 年的 12.81%；与全国面临的情况类似，2015 年持续增长的经济比重显著下降（见图 1 -9）。如果占国民生产总值的比重下降可能是由于区域间复杂多变的环境所导致的，那么占西部地区生产总值的比重下降在一定程度上可以反映出陕西现有的经济发展模式已然出现了较为严重的问题，亟须调整经济发展模式，探索新的经济增长点。

(%)

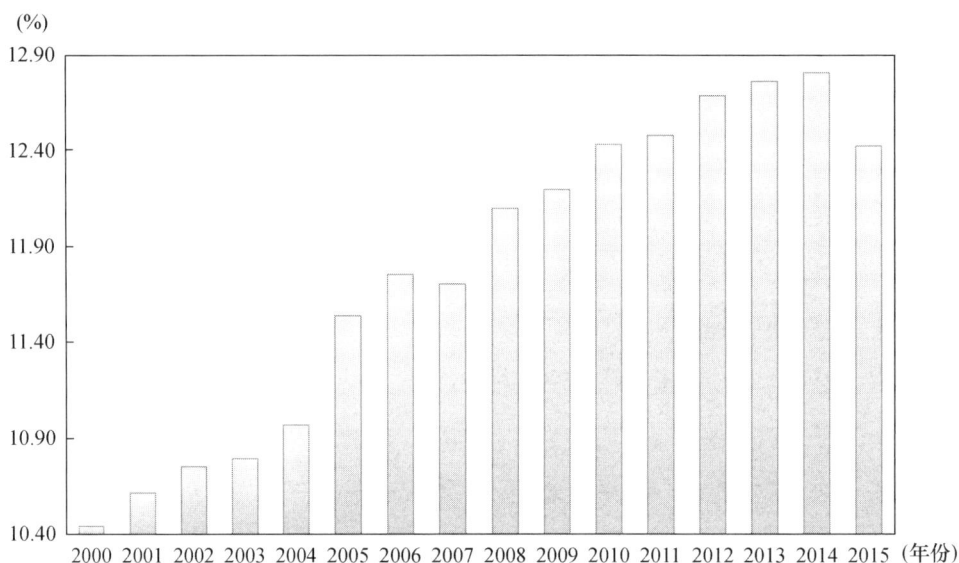

图 1 – 9　陕西省地区生产总值占西部地区生产总值的比重

数据来源：同图 1 – 1。

2. 经济发展后续动力不足

对一个地区的未来经济发展进行分析，主要考察的就是现有的经济体量和经济增速。就陕西省言，基于经济总量角度，仅滞后于四川省居西部地区经济总量第 2 位，在西部地区占有极为重要的地位；基于经济增速角度，强于内蒙古自治区，与四川省并列第 10 名（西部地区共有 12 个省级行政单位）。为了更直观地预测一个地区的未来经济发展，对西部各省级行政单位的经济总量（地区生产总值）及其经济增速（地区生产总值增长率）进行处理：

$$\alpha' = \alpha - \mu \qquad\qquad （式 1 – 3）$$

式 1 – 3 中，α 为初始变量，μ 为初始变量的均值。2015 年按经济发展前景对西部地区省级行政单位可以划分为四类情况，如表 1 – 4 所示。

表 1-4　2015 年按经济发展前景对西部地区省级行政单位的划分

类别	名称	特点	未来发展
第一类	重庆市	经济体量相对较大，且经济发展速度相对较快	发展前景最好
第二类	贵州省、西藏自治区	经济体量相对较小，但经济发展速度相对较快	发展前景较好
第三类	甘肃省、宁夏回族自治区、青海省、新疆维吾尔自治区	经济体量相对较小，且经济发展速度相对较慢	发展前景堪忧
第四类	广西壮族自治区、内蒙古自治区、陕西省、四川省、云南省	经济体量相对较大，但经济发展速度相对较慢	发展前景一般

　　结果表明陕西处在第四类，尽管有着相对较大的经济体量，但自身经济增速相对较慢，因而未来经济发展前景一般，扭转这一局面需要新的经济引擎刺激。经济体量对经济增速存在一定影响，当产值的增量相同时，经济体量越低其经济增速越快，但基于横向比较，例如重庆市不仅具备较高的经济体量，同时也兼具较高的经济增速，因而尽管经济体量对经济增速有影响，但当前这一影响显然作用不是很大。解决经济增速下滑这一问题，需要从现有的经济发展中找到问题的症结所在。根据世界银行按收入对经济体的划分标准（2015 年）：2015年陕西（人均地区生产总值：47626 元/人）处于中高收入经济体偏上的位置，与高收入经济体相比还存在一定差距。转变现有经济发展模式，实现经济迅速腾飞，避免陷入"中等收入陷阱"是陕西经济发展的现实选择。

　　与改革开放初期不同，近 40 年的飞速发展，劳动力要素价格有了显著提升，产业竞争力尤其是劳动力密集型产业的竞争力正在不断丧失。同时，科技研发创造能力相对薄弱，在技术密集型产业、文化创意产业等领域很难与发达经济体展开竞争，使得经济发展陷入"两难困境"。对此，陕西应着力加大教育资金投入力度，依托西安现有的良好科技研发基础，推进科技创新成果孵化、转化等基地的建设工作，充分激发陕西省的内在经济发展潜力，不断调整优化产业结构，推动产业发展模式向更高层级跃升。

三、关中、陕南、陕北三大区域发展态势

陕西在"十一五"时期提出了"关中率先、陕北跨越、陕南突破"的发展战略，"十二五"时期又针对存在的问题，进一步深化认识，提出了"关中创新、陕北持续、陕南循环"的发展战略，初步形成了"板块推进、一市一策"的政策框架，区域发展质量和水平显著提高，初步形成三大区域协调互动、竞相发展的新态势。

（一）三大区域总体情况

1. 经济发展呈现两极分化

基于经济总量角度，关中地区在陕西经济总量中扮演了极为重要的角色，2015 年，关中地区生产总值约占陕西地区生产总值的65.42%；西部大开发战略施行的初期，陕北地区经济总量略小于陕南地区，伴随战略的不断深化，2001～2015 年，二者之间的经济落差逐步扩大，2012 年达到极大值 2266.11 亿元，这一经济落差是当年陕南地区生产总值的 1.35 倍。"关中—陕北—陕南"经济总量梯度层次呈现逐步固化趋势（见图 1-10）。

基于经济均量角度，西部大开发战略施行的初始阶段，关中地区人均地区生产总值领先于陕南、陕北地区；伴随国家战略的不断深化，领先局面于 2004 年被打破，此后陕北地区人均地区生产总值增长极为显著，2012 年与关中、陕南地区的经济落差达到极大值，分别为33578.19 元/人和 51031.60 元/人（见图 1-11）。与陕南地区相比，

（亿元）

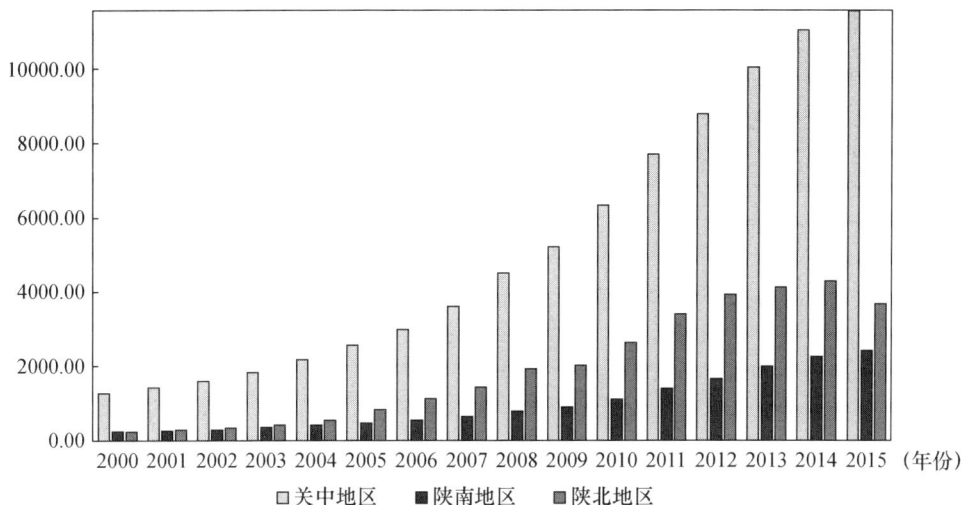

图 1 - 10　2000 ~ 2015 年陕西三大区域生产总值变动情况

数据来源：根据《陕西区域统计年鉴（2016）》整理得到。

关中地区经济发展基础较为优越，陕北地区能够有效抓住西部大开发战略这一历史契机，因而从经济发展现实来看，陕南地区始终处于三大区域的末端位置。

（元/人）

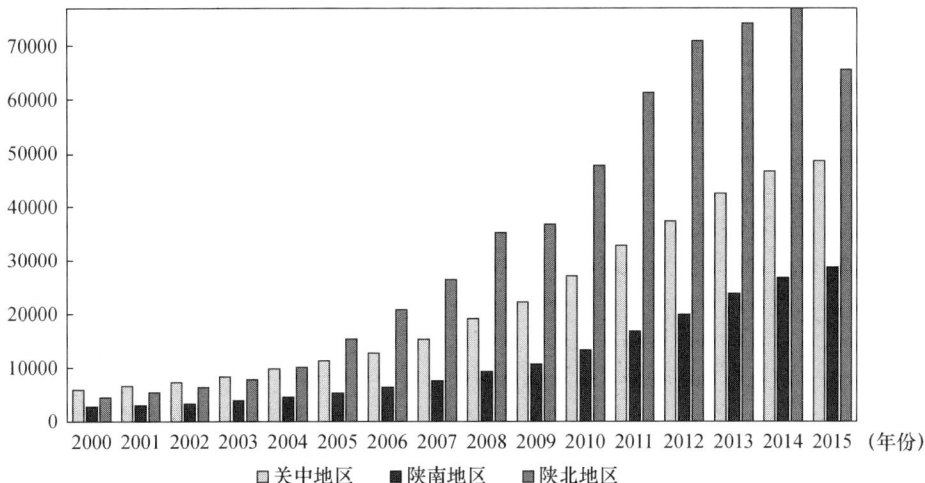

图 1 - 11　2000 ~ 2015 年三大区域人均地区生产总值情况

数据来源：同图 1 - 2。

在一定程度上，关中地区和陕北地区成为了陕西经济发展的主要受益者，与陕南地区之间出现了明显分层；倘若将空间尺度缩小到地市级层面，陕西省内部经济发展差距则更为悬殊。2015 年人均地区生产总值最高的榆林市与最低的商洛市之间相差接近 3 倍（见图1－12）。

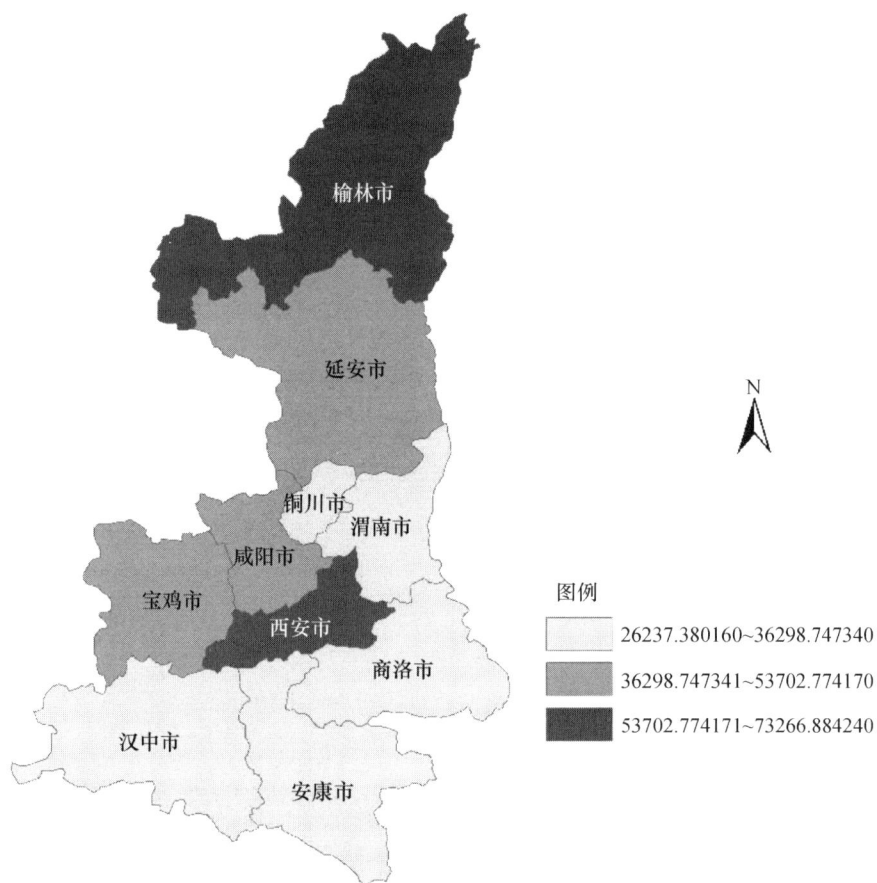

图 1－12　2015 年陕西各地级市人均地区生产总值情况（单位：元／人）

数据来源：同图 1－2。

2. 行政干预能力持续提升

黄志基、贺灿飞（2013）认为，可以通过地方财政支出占地区生产总值的比重来衡量地方政府对市场的干预能力。自西部大开发战略施行以来，陕西各地级市市场化程度逐步降低，国际发展经验表明，经济发展水平与市场化程度呈现正相关关系。基于陕西现实而言，2015 年市场化程度最低的安康市经济发展较为落后；相反，市场化程度最高的咸阳市经济发展相对较强（见表 1-5）。

表 1-5　2000~2015 年陕西省各地级市市场化水平情况

年份	安康	宝鸡	汉中	商洛	铜川	渭南	西安	咸阳	延安	榆林
2000	0.13	0.07	0.11	0.14	0.11	0.08	0.07	0.07	0.13	0.12
2001	0.15	0.07	0.12	0.16	0.12	0.09	0.07	0.08	0.13	0.14
2002	0.15	0.07	0.12	0.16	0.12	0.09	0.08	0.08	0.15	0.13
2003	0.14	0.06	0.11	0.13	0.11	0.09	0.08	0.07	0.15	0.12
2004	0.13	0.06	0.11	0.14	0.11	0.08	0.08	0.16	0.13	0.11
2005	0.13	0.06	0.11	0.13	0.11	0.09	0.07	0.08	0.14	0.10
2006	0.15	0.08	0.13	0.18	0.14	0.11	0.08	0.09	0.16	0.11
2007	0.18	0.09	0.16	0.20	0.16	0.13	0.09	0.10	0.16	0.12
2008	0.24	0.11	0.21	0.24	0.20	0.15	0.10	0.11	0.17	0.11
2009	0.29	0.13	0.28	0.29	0.22	0.18	0.10	0.12	0.22	0.13
2010	0.34	0.14	0.32	0.29	0.19	0.11	0.14	0.22	0.14
2011	0.31	0.14	0.25	0.29	0.28	0.19	0.13	0.14	0.20	0.14
2012	0.33	0.15	0.26	0.32	0.26	0.21	0.14	0.15	0.21	0.15
2013	0.31	0.14	0.24	0.29	0.25	0.21	0.15	0.14	0.22	0.15
2014	0.30	0.14	0.23	0.28	0.26	0.21	0.15	0.14	0.22	0.14
2015	0.30	0.15	0.24	0.29	0.29	0.23	0.16	0.14	0.26	0.19

数据来源：同图 1-2。

3. 区域经济发展特色鲜明

基于工业化发展角度，关中地区的经济发展主要依靠工业拉动，随着西部大开发战略的不断深化，规模以上工业发展态势较为迅猛，相比之下，陕北、陕南地区工业化发展则相对较为滞后（见图 1-13）。

(亿元)

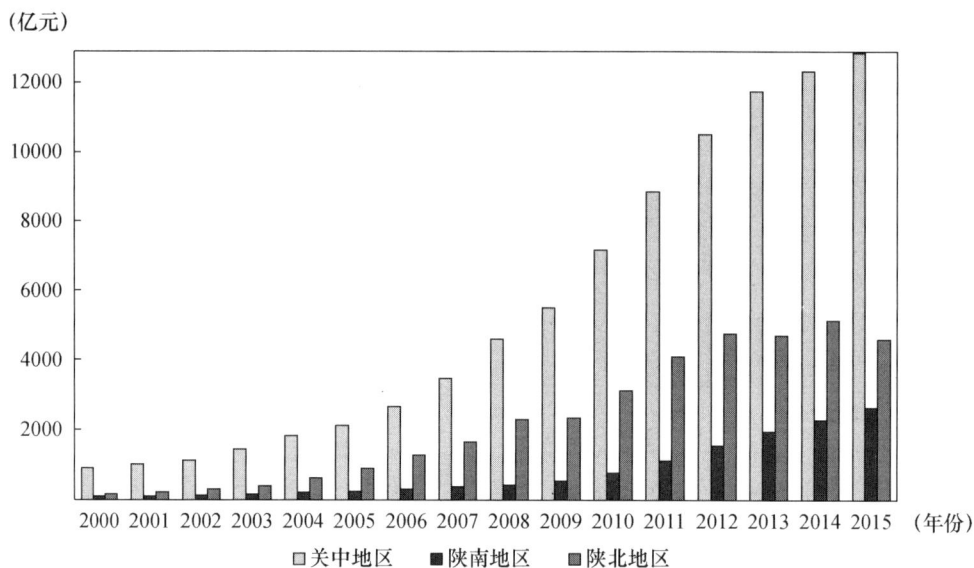

图 1 – 13　2000～2015 年陕西三大区域规模以上工业总产值情况

数据来源：同图 1 – 2。

基于国际贸易角度，相比于关中地区，陕南、陕北地区对外贸易中出口占据了较大比重，2015 年陕北地区出口总额占全省进出口总额的比重高达 98.07%（见图 1 – 14）。一定程度上反映出陕北地区经济发展高度依赖国外市场需求，属于典型的"外向型经济"，倘若国外市场需求出现变动，其经济发展将会受到极大冲击。对此，陕南、陕北地区未来经济发展中应着力提升外部市场的风险抵御能力。

4. 基础设施建设明显改观

自西部大开发战略施行以来，三大区域交通基础设施建设大为改观，公路、高速公路实现跨越式发展（见表 1 – 6），交通基础设施的改善降低了企业间的交易成本，使企业"进得来、出得去"，为三大区域未来发展奠定了坚实基础。陕西是国家"一带一路"倡议的有力支撑点，是"丝绸之路经济带"起点的所在地，良好的交通基础设施建设，为国家战略的有效施行奠定了良好的物质基础。

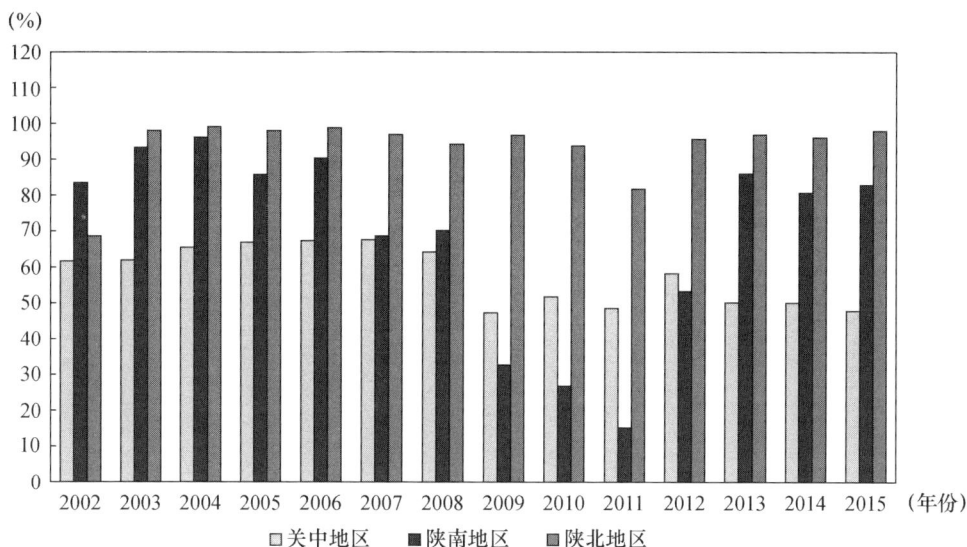

图 1 - 14　2002～2015 年陕西三大区域出口占全省进出口比重情况

数据来源：同图 1 - 2。

表 1 - 6　2000～2015 年陕西三大区域公路及高速公路建设里程情况

单位：千米

年份	关中地区		陕南地区		陕北地区	
	公路	高速公路	公路	高速公路	公路	高速公路
2000	17073	349	16722	—	10210	—
2001	17881	538	16907	—	10484	4
2002	18384	571	17235	—	10945	4
2003	20034	635	18185	—	11799	154
2004	20925	635	19156	55	12639	286
2005	21631	811	19841	106	13020	383
2006	43988	858	39964	166	29350	622
2007	55039	955	38736	296	27521	811
2008	58844	1104	39552	550	32642	811
2009	62271	1176	45515	702	36323	901
2010	63268	1291	46895	1003	37298	1109
2011	63926	1392	48940	1245	39120	1166
2012	65682	1491	53105	1307	42625	1285
2013	66774	1545	54241	1344	44233	1473
2014	67257	1649	55005	1344	44883	1473
2015	68110	1922	55697	1450	46262	1721

数据来源：同图 1 - 2。

5. 经济发展依靠投资驱动

2013 年开始，关中地区全社会固定资产投资总额首度超过地区生产总值，而且有进一步扩大的趋势，2015 年前者达到后者的 1.16 倍。同年，陕南地区全社会固定资产投资总额也首次超过地区生产总值，陕北地区紧随其后也达到了 82% 的比重（见图 1-15）。全社会固定资产投资总额与地区生产总值的比值持续增加，一定程度上反映出这些区域经济增长严重依赖于投资驱动。经济学认为要素投入会出现边际产出递减的现象，即伴随投资额的持续增加，新增产出却呈现递减趋势，为了保持经济持续增长，则需要耗费更多的资本进行支撑，使经济发展逐步演变为"资本黑洞"。同时，政府投资会对私人投资产生"挤出效应"，一定程度上抑制了民间经济活力，损害了当地经济的长远发展，即单纯依靠政府投资以谋求当地经济发展必定是不会长远的。经济发展需要"交响乐"而不是"独奏"，谋求经济长远发展必须要立足当地经济发展现实，着力发展具有优势的产业，抓住"供给侧结构性改革"这一历史性机遇，提升优势产业的市场竞争力，实现经济的长期稳定发展，而不是一时的经济增长。

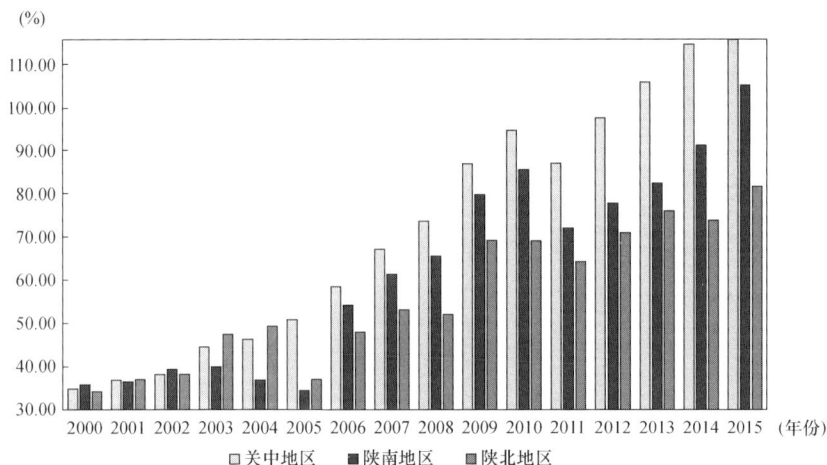

图 1-15 2000~2015 年陕西三大区域全社会固定资产投资总额占地区生产总值的比重

数据来源：同图 1-2。

6. 高端人才吸引能力不足

西部大开发战略的施行对陕西经济发展起到了极为深远的促进作用，但就高技能人才的吸引能力而言，仍然是差强人意的。以医疗人员为例，自西部大开发战略施行以来，卫生技术人员与执业（助理）医师的数量呈现显著增长，除2003年因抗击"非典"短暂回升外，医师数占比在2000~2015年呈现出明显的下降趋势（见图1-16）。三大地区对以医师为代表的高技能人才吸引能力严重不足，社会经济发展的相对滞后，难以打破"孔雀东南飞"的局面。

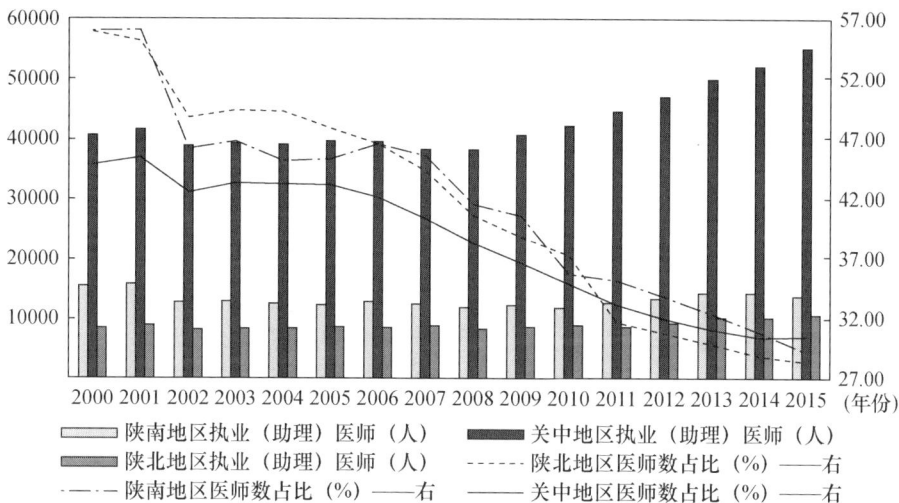

图1-16　2000~2015年陕西三大区域医师资源发展情况

数据来源：同图1-2。

（二）关中

1. 产业结构

根据郭克莎（2000）对产业结构的划分标准，2006年，关中地区产业结构正式进入"工业化后期"阶段。根据库兹涅茨对产业结构的研究，第二产业增加值占比将呈现出倒"U"型变动趋势。基于关中地区的现实，2013 年关中地区第二产业增加值跨越倒"U"型曲线极大值点，第二产业增加值占比持续下降，第三产业增加值占比迅速提升（见图 1 - 17）。

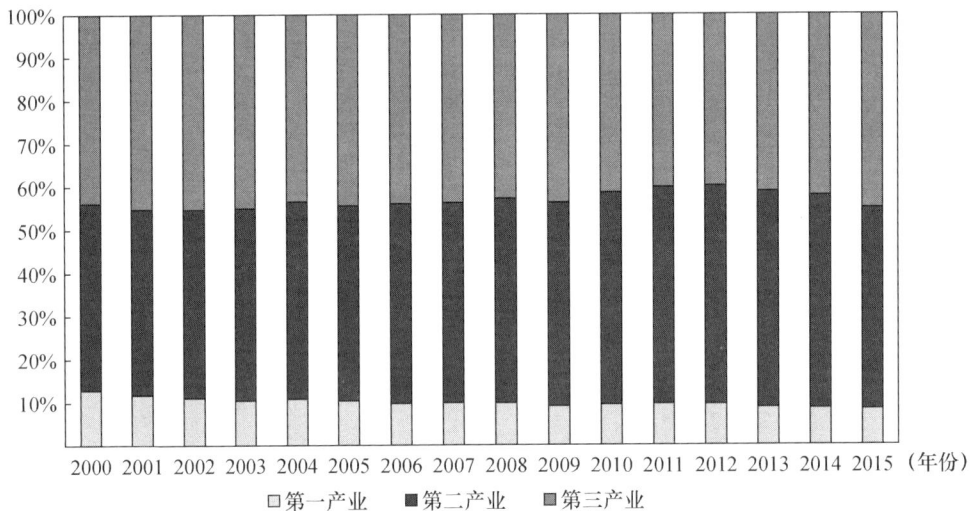

图 1 - 17　2000 ~ 2015 年关中地区三次产业结构情况

数据来源：同图 1 - 2。

2. 财政状况

西部大开发战略施行以来，关中地区财政赤字问题引起高度重视。2000 ~ 2015 年，关中地区财政赤字规模不断扩大，2007 年起，地方财政赤字首次超过地方财政收入，"入不敷出"成为地方政府的常态，2010 年地方财政赤字占地方财政收入的比重达到极大值 133.84%。目前这一问题得到一定缓解，地方财政赤字与地方财政收入的缺口持续缩小（见表 1 - 7）。

表 1 - 7 2000~2015 年关中地区财政收支情况

年份	地方财政 收入（亿元）	地方财政 支出（亿元）	地方财政 盈余（亿元）	地方财政赤字占地方 财政收入的比重（%）
2000	70.78	95.50	-24.71	34.91
2001	82.28	112.15	-29.87	36.30
2002	85.62	126.39	-40.77	47.62
2003	98.54	140.93	-42.39	43.02
2004	111.55	162.35	-50.80	45.54
2005	108.81	193.89	-85.08	78.19
2006	130.82	253.30	-122.48	93.63
2007	175.43	353.65	-178.22	101.59
2008	224.16	500.69	-276.53	123.37
2009	283.55	642.66	-359.11	126.65
2010	374.38	875.46	-501.08	133.84
2011	495.28	1124.65	-629.37	127.08
2012	611.94	1367.98	-756.05	123.55
2013	748.53	1592.50	-843.97	112.75
2014	844.77	1725.52	-880.74	104.26
2015	925.33	1931.04	-1005.71	108.69

数据来源：同图 1 - 2。

3. 农业产出水平

西部大开发战略施行以来，关中地区的农业产出发生了重大转变，以水果为代表的经济作物产量在 2009 年首次超过粮食作物产量，迈出了农业现代化的重要一步。2010 年起，粮食产量总体呈现递减趋势，水果产量增幅较为明显（见图 1 - 18）。

（三）陕南

1. 产业结构

西部大开发战略施行以来，陕南地区产业结构不断优化，按照郭

(万吨)

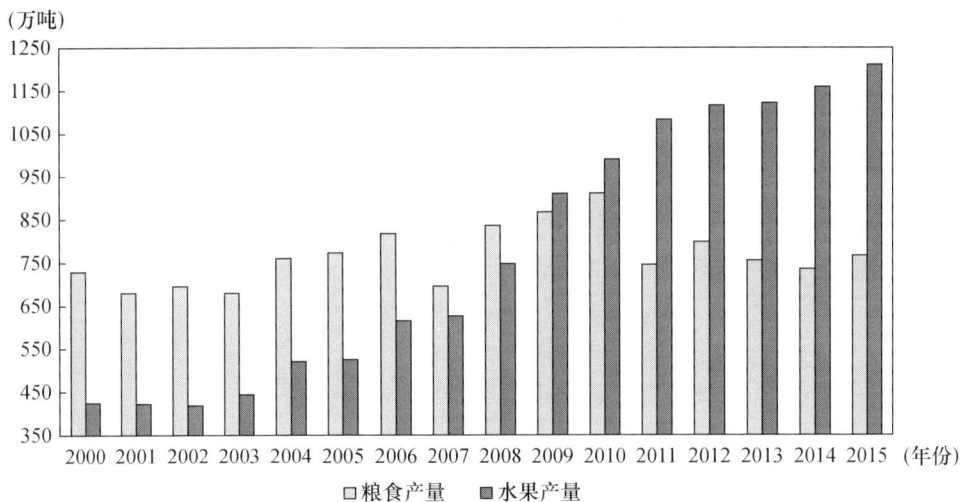

图1-18　2000~2015年关中地区主要农作物产出情况

数据来源：同图1-2。

克莎（2000）对产业结构的划分标准，2012年，陕南地区产业结构进入"工业化中期"阶段，即未来陕南地区的产业发展仍然是以工业化为主导，第二产业增加值比重将会在一段时间内持续增加，第一产业增加值比重将进一步降低（见图1-19）。当前国家宏观层面施行"供给侧结构性改革"，去除"过剩产能"是当前的主要任务之一。陕南地区要认清自身的发展现状，切忌不顾现实情况采取揠苗助长的产业政策，但也不能故步自封，要密切配合国家的宏观经济政策，推动制造业向较高层级演变，对接"中国制造2025"。

2. 财政状况

西部大开发战略施行以来，陕南地区的财政缺口问题变得日益严重。2000~2015年，地方财政赤字均超过地方财政收入，2009年，陕南地区地方财政赤字达到地方财政收入的6.87倍，尽管这一比值在2010年后得到有效控制，但2015年又出现了扩大的趋势（见表1-8）。

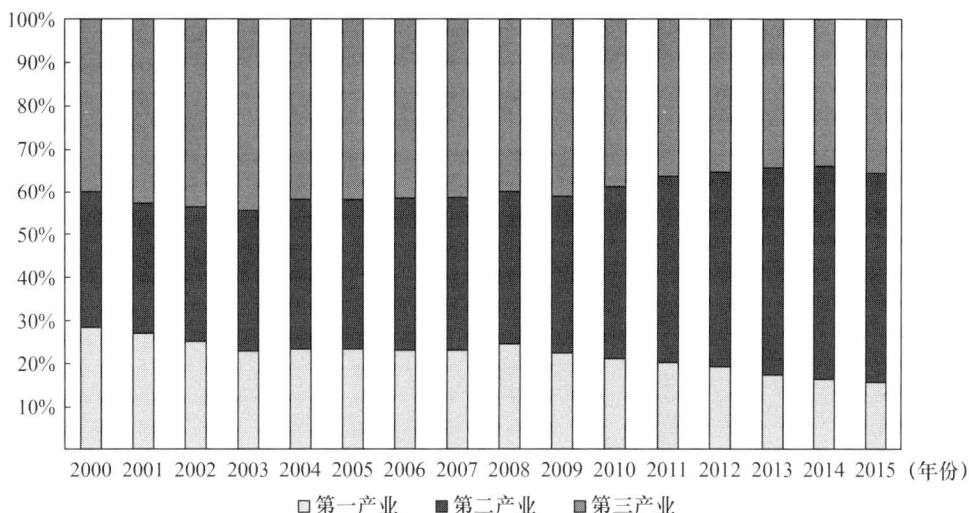

图 1 - 19 2000~2015 年陕南地区三次产业结构情况

数据来源：同图 1 - 2。

地方政府财政赤字过高极易引发当地的系统性金融风险，使本来相对滞后的经济发展雪上加霜，这对当地政府的公信力也提出了不小的挑战。

表 1 - 8 2000~2015 年陕南地区财政收支情况

年份	地方财政收入（亿元）	地方财政支出（亿元）	地方财政盈余（亿元）	地方财政赤字占地方财政收入的比重（%）
2000	11.34	30.43	-19.09	168.43
2001	12.24	36.74	-24.50	200.06
2002	12.24	41.19	-28.95	236.57
2003	13.35	45.25	-31.90	238.93
2004	14.84	51.19	-36.35	244.94
2005	12.32	59.54	-47.22	383.40
2006	15.13	77.76	-62.63	414.06
2007	20.99	115.48	-94.49	450.16
2008	26.65	183.49	-156.84	588.62
2009	33.07	260.24	-227.17	687.00
2010	43.87	327.23	-283.37	646.00

续表

年份	地方财政收入（亿元）	地方财政支出（亿元）	地方财政盈余（亿元）	地方财政赤字占地方财政收入的比重（%）
2011	57.39	393.18	-335.79	585.07
2012	73.24	492.15	-418.90	571.92
2013	86.85	547.95	-461.09	530.89
2014	98.02	601.88	-503.86	514.05
2015	107.30	664.77	-557.47	519.53

数据来源：同图 1－2。

3. 农业产出水平

2000～2015 年，陕南地区农业产出取得一定进展，以水果为代表的经济作物产量持续提升，年均增长率达到 11.89%；粮食作物产量存在一定波动，但总体上是下降的（见图 1－20）。相对于关中地区的产出水平，陕南地区农业发展"提质增效"的任务十分艰巨。

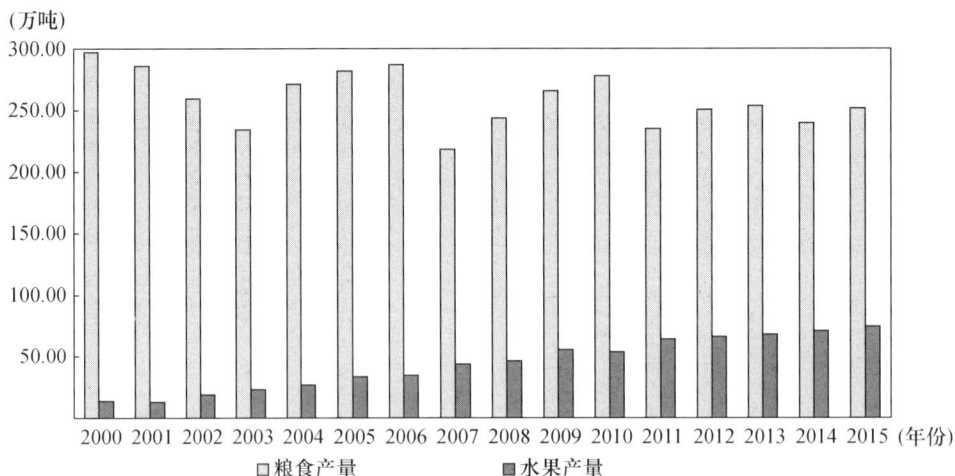

图 1－20　2000～2015 年陕南地区主要农作物产出情况

数据来源：同图 1－2。

（四）陕北

1. 产业结构

根据郭克莎（2000）对产业结构的划分标准，2004 年，陕北地区产业结构正式进入"工业化后期"阶段。基于陕北地区的现实，2013 年陕北地区第二产业增加值占比跨越倒"U"型曲线极大值点，第二产业增加值占比持续下降，第三产业增加值占比迅速提升（见图 1 −21）。

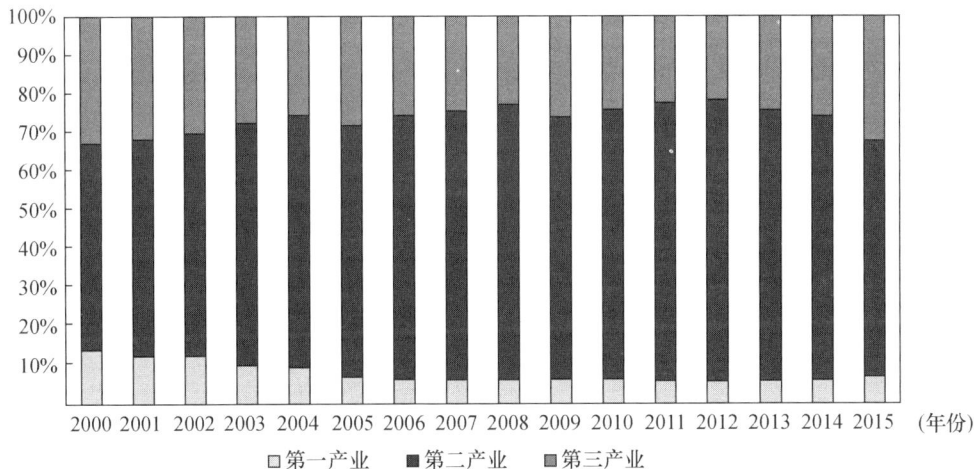

图 1 − 21 2000 ~ 2015 年陕北地区三次产业结构情况

数据来源：同图 1 − 2。

2. 财政状况

相对关中、陕南地区而言，陕北地区的财政赤字问题较轻。2000 ~ 2015 年，尽管财政赤字规模不断扩大，但除却 2002 年地方财政赤字略超地方财政收入外，整体处在金融风险可控的范围内（见表 1 − 9）。

表1-9 2000~2015年陕北地区财政收支情况

年份	地方财政 收入（亿元）	地方财政 支出（亿元）	地方财政 盈余（亿元）	地方财政赤字占地方 财政收入的比重（%）
2000	15.03	29.48	−14.45	96.12
2001	20.38	38.82	−18.44	90.51
2002	23.44	47.97	−24.53	104.63
2003	32.47	58.03	−25.56	78.71
2004	48.52	76.92	−28.40	58.54
2005	68.92	101.76	−32.84	47.65
2006	96.03	148.67	−52.64	54.82
2007	122.81	197.82	−75.01	61.08
2008	150.06	253.71	−103.65	69.07
2009	181.64	328.02	−146.38	80.59
2010	230.73	429.89	−199.17	86.32
2011	300.97	539.95	−238.98	79.40
2012	388.32	663.12	−274.80	70.77
2013	416.12	716.90	−300.78	72.28
2014	435.96	733.73	−297.77	68.30
2015	456.75	780.96	−324.21	70.98

数据来源：同图1-2。

3. 农业产出水平

西部大开发战略施行以来，陕北地区的农业产出发生了重大转变，以水果为代表的经济作物产量在2007年首次超过粮食作物产量，迈出了农业现代化的重要一步。2000~2015年，粮食产量存在一定波动，但总体呈现出一定的增长趋势，经济作物与粮食作物之间的差距持续扩大（见图1-22）。

(万吨)

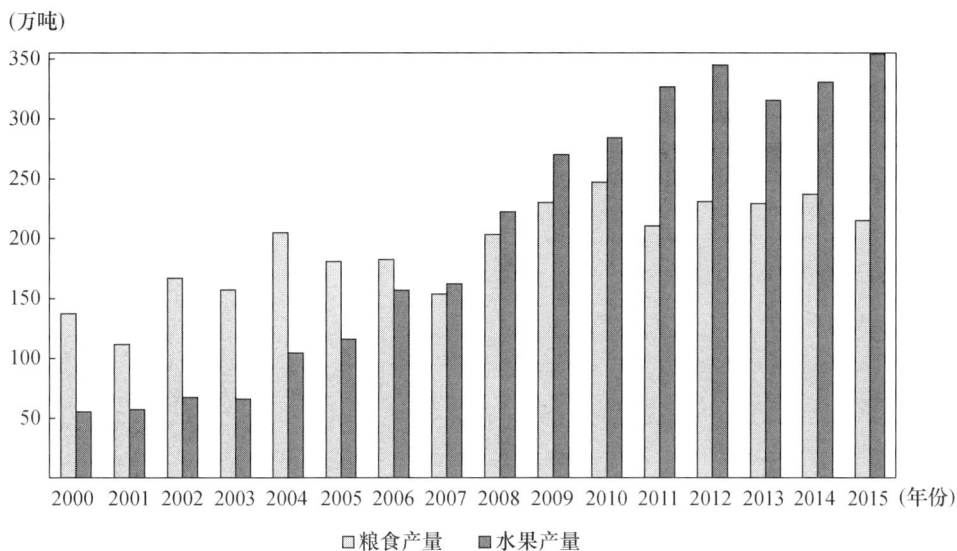

图 1-22　2000~2015 年陕北地区主要农作物产出情况

数据来源：同图 1-2。

四、产业发展现状

(一) 第一产业

利用前述式 1-3，将陕西省各地级市及示范区按照水果及粮食产量划分为四类，如表 1-10 所示。

表 1-10　2015 年按农产品产量对陕西各地级市的划分

类别	名称	备注
第一类	渭南市、咸阳市	粮食及水果产量均高于平均值
第二类	延安市	粮食产量低于平均值，水果产量高于平均值
第三类	安康市、汉中市、商洛市、铜川市、杨凌示范区	粮食及水果产量均低于平均值
第四类	宝鸡市、西安市、榆林市	粮食产量高于平均值，水果产量低于平均值

数据来源：同图 1-2。

从结果来看，关中地区是粮食和水果的主要产区，主要是其地处关中平原（渭河平原），地理位置较为优越；陕北地区经济作物产出（水果）相比于粮食作物产出更多；陕南地区的三个地级市粮食、水果均低于平均值，农业竞争力不强（见表 1 – 10）。

（二）第二产业

1. 工业发展层级不高

区位熵（Location Quotient，LQ）考察的是国民经济中的各个行业在空间上的相对分布集中程度，是反映一个地区是否具备出口导向的重要指标（毛加强、王陪咖，2007）。LQ 是指 i 地区 j 产业就业份额与 j 产业占全国就业份额的比值，其计算公式如下：

$$LQ = \frac{E_{ij}/E_i}{E_{kj}/E_k} \qquad\qquad （式 1 – 4）$$

式 1 – 4 中，E_{ij} 是指 i 地区 j 产业的从业人数，E_i 是指 i 地区的总从业人数，E_{kj} 指全国 j 产业的总从业人数，E_k 指全国的总从业人数。当 $LQ > 1$ 时，意味着 i 地区 j 产业的供给能力大于本地区的需求能力，表示该产业可以向外出口，因而认定为优势产业；当 LQ = 1 时，意味着 i 地区 j 产业的供给能力刚好等于本地区的需求能力，表示该产业既不需要进口也不能出口；当 LQ < 1 时，意味着 i 地区 j 产业的供给能力小于本地区的需求能力，表示该产业为了满足区域内部的需求还需要从区域外进口，因而认定为劣势产业。

表 1 – 11　2008 ~ 2015 年陕西第二产业区位熵演变

年份	2008	2009	2010	2011	2012	2013	2014	2015
采矿业	1.32	1.29	1.36	1.49	1.43	1.50	1.52	1.65
制造业	1.18	1.16	1.14	1.12	1.10	1.07	1.07	1.10
电力、燃气及水的生产和供应业	0.90	0.90	0.98	0.84	0.80	0.73	0.72	0.78
建筑业	0.54	0.61	0.61	0.67	0.75	0.83	0.83	0.77

数据来源：同图 1 – 1。

2008～2015 年，采矿业和制造业是陕西省具备比较优势的产业。采矿业的区位熵尽管存在一定的波动，总体数值呈现出明显的上升趋势，即采矿业发展的比较优势显著提升；制造业尽管具备一定的比较优势，但其竞争力无疑是下降的（见表1－11）。这在一定程度上反映出陕西目前的经济发展主要依靠与矿产资源相关的产业实现（见图1－23），制造业水平不强。当前中国经济面临着严重的产能过剩问题，在国家"三去一降一补"的宏观经济背景下，陕西省的经济发展前景并不乐观，加之诸多"资源枯竭型城市"的前车之鉴，加快推进陕西经济结构转型则显得尤为重要。

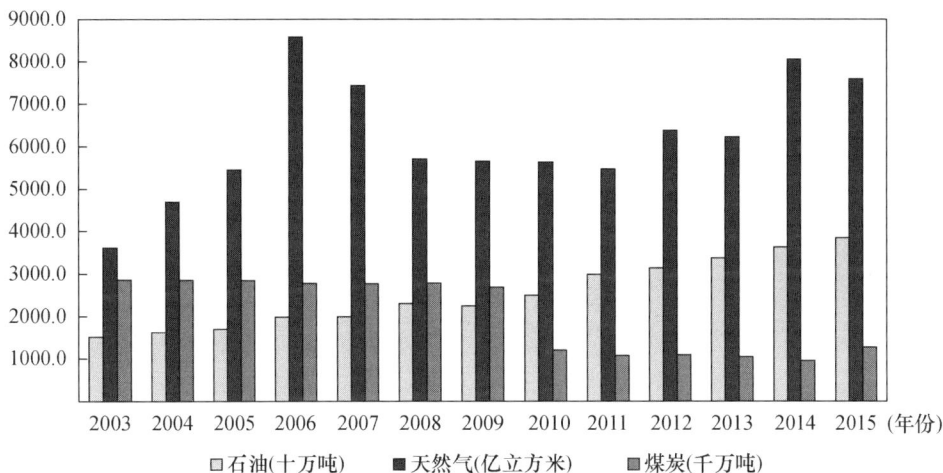

图1－23　2003～2015 年陕西化石能源储量情况

数据来源：同图1－1。

2. 产业集聚能力下降

通过赫芬达尔—赫希曼指数（HHI 指数）来测度就业人口在空间上的集聚程度，其公式如下：

$$HHI = \sum_{i=1}^{N} (P_i/P)^2 \qquad （式1-5）$$

式 1-5 中，P 表示城市群总的就业人口规模，P_i 表示 i 产业的就业人口规模。2008～2015 年，第二产业赫芬达尔—赫希曼指数呈现出明显的下滑态势（见图 1-24），一定程度上反映出第二产业产业集聚能力不断下降，这无疑需要高度警惕。经济发展总是倾向于集聚而非分散。经济只有集聚在一起，才可以实现"知识溢出、劳动力池和投入共享"，降低产业的生产成本。

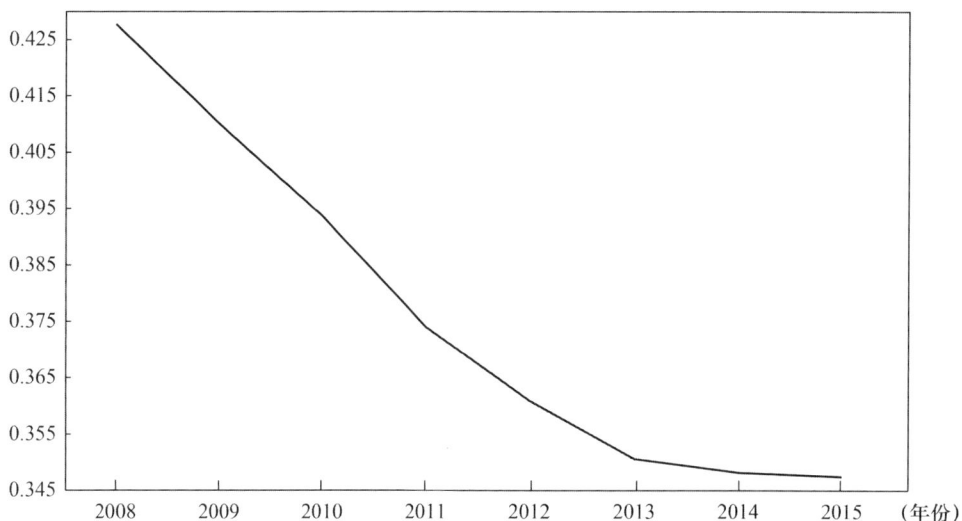

图 1-24　2008～2015 年陕西第二产业赫芬达尔—赫希曼指数变动情况

数据来源：同图 1-1。

（三）第三产业

1. 注重"硬件环境"、忽视"软环境"

在式 1-4 的基础之上，对陕西第三产业区位熵进行测度，结果表明，2008～2015 年，住宿和餐饮业，科学研究、技术服务和地质勘查业，居民服务和其他服务业的区位熵始终大于 1，即这三类产业具有显著的比较优势（见表 1 – 12）。除 2008 年外，信息传输、计算机服务和软件业，金融业也具有较强的比较优势。

"十三五"时期，经济发展须牢固树立并切实贯彻"创新、协调、绿色、开放、共享"五大发展理念，但值得反思的是，教育业，卫生、社会保障和社会福利业不仅区位熵小于 1，而且有明显下降趋势。经济发展不仅体现在地区生产总值的增加，更要体现在人民生活水平的改善，经济发展要体现出"以人为本"，切实做到"让全体人民共享发展成果"。

表 1 – 12 2008 ～ 2015 年陕西第三产业区位熵演变

年份	2008	2009	2010	2011	2012	2013	2014	2015
交通运输、仓储及邮电通信业	1.10	1.05	1.03	1.04	0.98	0.96	1.06	1.05
信息传输、计算机服务和软件业	0.97	1.39	1.54	1.51	1.53	1.23	1.38	1.34
批发和零售业	1.35	0.96	0.94	0.97	1.04	1.19	1.19	1.22
住宿和餐饮业	1.10	1.22	1.32	1.29	1.20	1.52	1.50	1.52
金融业	0.95	1.05	1.07	1.02	1.02	1.01	1.04	1.11
房地产业	0.80	1.07	1.11	1.12	1.08	0.90	0.96	0.97
租赁和商务服务业	0.59	0.56	0.59	0.66	0.75	0.83	0.85	1.02
科学研究、技术服务和地质勘查业	1.46	1.49	1.45	1.53	1.40	1.40	1.37	1.41
水利、环境和公共设施管理业	0.96	1.06	1.08	1.08	1.08	0.98	1.01	0.99
居民服务和其他服务业	1.52	1.38	1.40	1.01	1.44	1.44	1.21	1.20
教育业	0.94	0.95	0.95	0.95	0.94	0.93	0.91	0.88
卫生、社会保障和社会福利业	0.89	0.94	0.93	0.92	0.93	0.89	0.89	0.88

数据来源：同图 1 –1。

2. 产业粗放式发展需要警惕

2008 ～ 2015 年，第三产业赫芬达尔—赫希曼指数呈现出与第二产业相似的下滑态势，一定程度上反映出第三产业产业集聚能力不断下降（见图1-25）。第三产业应当是三次产业中集约化程度最高的产业，赫芬达尔—赫希曼指数的下降显然是极不正常的现象，产业粗放式发展造成了资源的极大浪费。对此，陕西未来经济发展应注重对粗放式发展的产业进行有效整合，提升经济发展潜力。

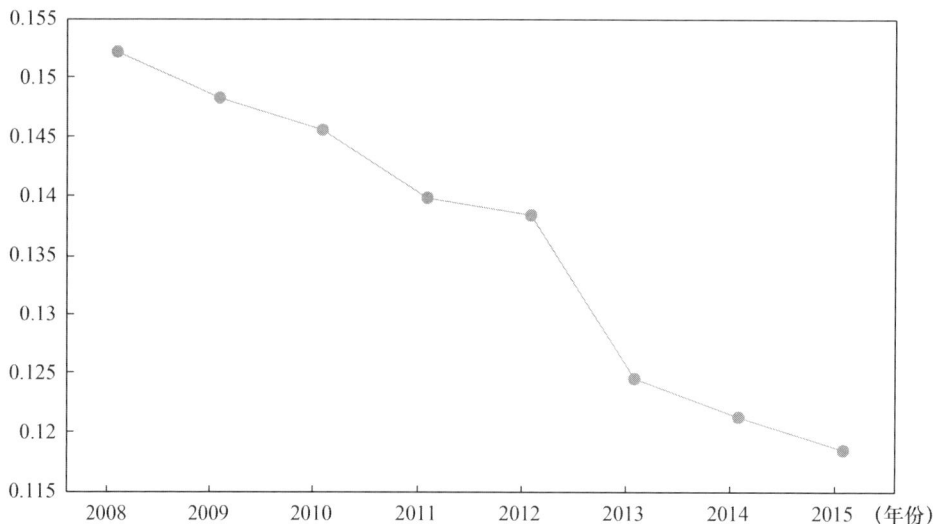

图1-25　2008~2015年陕西第三产业赫芬达尔—赫希曼指数变动情况

数据来源：同图1-1。

五、社会进步

西部大开发以来，陕西人民生活明显改善，公共服务基础设施明显改观，人民群众的获得感不断增加。

（一）人民生活明显改善

自西部大开发战略实施以来，陕西省城镇居民人均可支配收入显著提升，平均年增长率达到11.62%（见图1-26）。

（元）

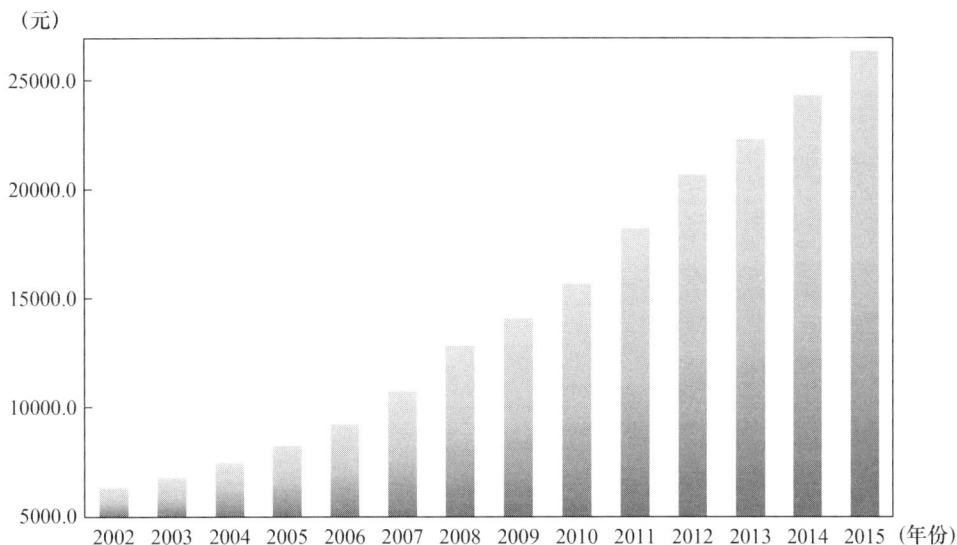

图1-26 2002~2015年陕西省城镇居民人均可支配收入

注：2013年起统计数据采用新的调查口径，因而调查范围、调查方法、指标口径较以前有所不同。

数据来源：同图1-2。

恩格尔系数（Engel's Coefficient）是食品支出总额占个人消费支出总额的比重，恩格尔系数越大表示一个地区越贫困。按照联合国通过恩格尔系数的大小对世界各国生活水平的划分标准，2002~2012年，陕西省恩格尔系数整体处于30%~40%，属于相对富裕的地区（见表1-13）。

表 1 - 13   2002 ~ 2012 年陕西省城镇居民家庭人均消费构成   单位:%

年份	食品	文教娱乐服务	衣着	交通和通信	居住	医疗保健	家庭设备及用品	其他
2002	34.08	16.39	9.45	9.02	11.57	8.26	8.12	3.10
2003	34.59	16.78	9.87	9.33	10.75	8.67	6.77	3.25
2004	35.88	16.46	9.78	9.36	10.38	8.24	6.56	3.35
2005	36.08	16.25	10.11	9.47	9.82	9.09	5.59	3.59
2006	34.28	16.95	10.17	10.92	9.88	8.11	6.34	3.36
2007	36.36	14.60	10.80	10.29	9.86	8.05	6.09	3.95
2008	36.70	13.11	10.72	9.90	10.31	8.83	6.33	4.10
2009	37.26	13.36	11.30	10.01	9.51	8.06	6.38	4.11
2010	37.06	13.50	12.08	10.11	9.53	7.91	6.12	3.69
2011	36.57	13.48	12.14	10.90	8.66	7.98	6.63	3.63
2012	36.20	13.56	11.67	11.66	8.62	7.91	6.44	3.94

数据来源:同图 1 - 1。

基于陕西省城镇居民家庭人均消费的构成情况,食品、衣着、交通和通信的消费支出份额呈现上涨趋势,主要是因为人民生活水平的提高对食品、衣着等需求不仅仅简单地停留在生存阶段,而是不断向生活阶段转移,对有机绿色食品、时尚产品的需求不断提升。同时,文教娱乐服务、居住、医疗保健、家庭设备及用品消费比重的下降,在一定程度上反映出政府对涉及国计民生等公共基础设施的投入力度不断加大,让人民真正共享改革成果。

（二）医疗卫生领域

自西部大开发战略实施以来,公共服务基础设施明显改观,医疗卫生机构数量显著提升（见图 1 - 27）,陕西"软环境"条件的改善效果显著。

（个）

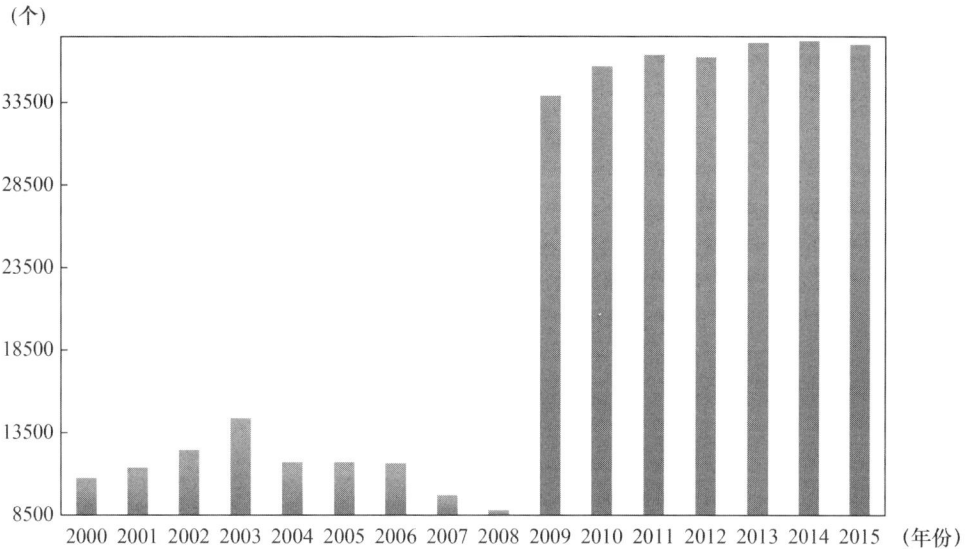

图1-27 2000~2015年医疗卫生机构数量变动情况

数据来源：同图1-2。

（三）教育领域

第五次人口普查正值西部大开发战略施行的初期，第六次人口普查是目前最近的人口普查数据。通过对比两次普查数据可知，文盲数量明显减少；九年义务教育得到有效落实，高端人才占比明显提升（见图1-28）。

（四）文化传播领域

自西部大开发战略实施以来，博物馆及公共图书馆数量增长明显，2012~2015年，博物馆数量提升较为显著（见图1-29）。这反映出陕西省对文化传播的高度重视，一定程度上表明人民生活由物质需求转向精神需求。

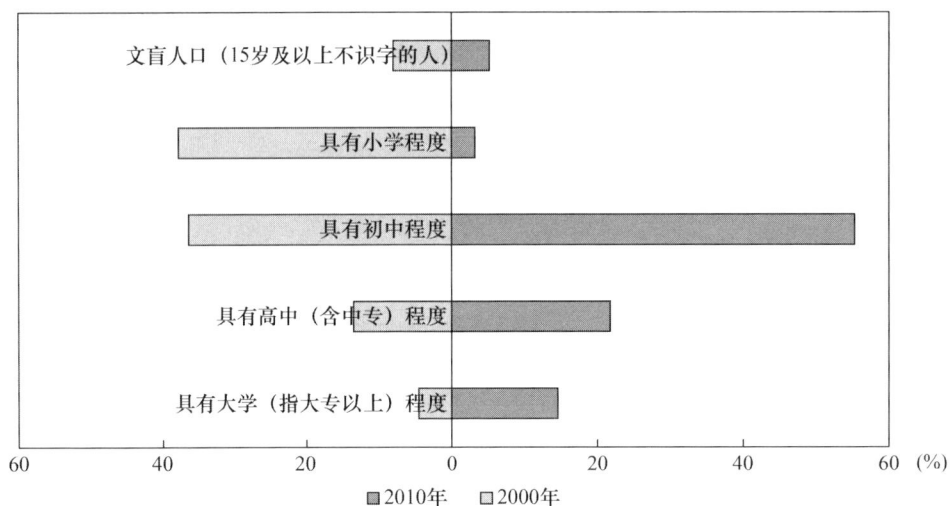

图 1 – 28　2000 年及 2010 年陕西省人口教育结构占比情况

数据来源：根据《陕西省 2010 年第六次全国人口普查主要数据公报》整理得到。

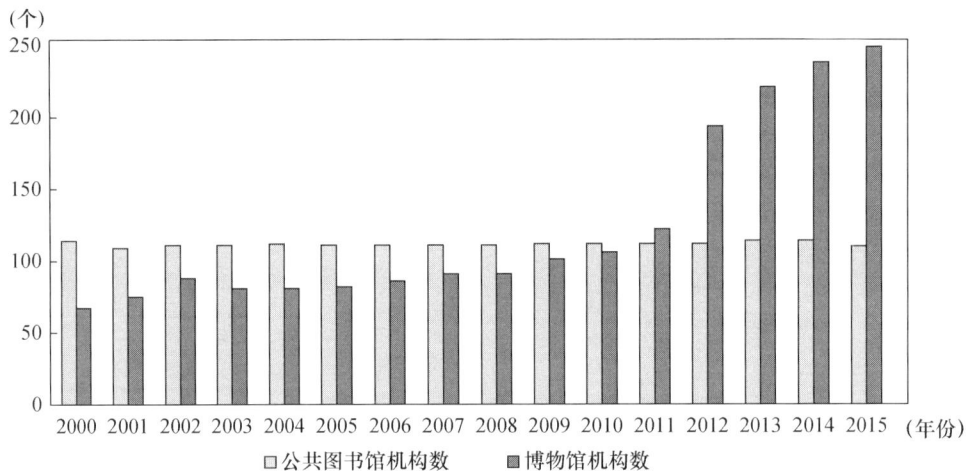

图 1 – 29　2000～2015 年公共图书馆数量及博物馆数量变动情况

数据来源：同图 1 – 2。

第二章　建设内陆改革开放新高地

我国从 1978 年开始的改革开放，激发了各行各业的活力，使生产力不断得到释放和发展，取得了举世瞩目的成就。可以说，改革开放是 30 多年来我国社会进步发展的根本动力，对外开放也成为促进我国经济转型和起飞的主要成功经验。世界经济史和我国改革开放实践都已证明，欠发达国家和地区缩小差距、迎头赶上的一条成功经验，就是坚持对外开放，充分利用国际国内两个市场、两种资源。因此，通过发展开放型经济，多种途径提高经济开放度，成为区域经济发展的主流选择和法宝。陕西由于各种原因和条件的限制，经济开放度一直较低，还没有真正建立起一套对外开放经济的完整体系，这在很大程度上影响和制约了全省经济的发展。目前，随着"一带一路"倡议的逐步规划、启动和推进，将形成全方位对外开放的新格局。这是我国站在全球经济繁荣的战略高度推进中国与中亚、东南亚等沿途国家和地区合作跨区域效应的新举措，必将为陕西经济开放度低的瓶颈制约提供新契机。

一、陕西建设内陆改革开放新高地的基础条件

改革开放以来，陕西不断加大对外开放的力度，尤其是近年来全面深入实施"走出去，引进来"的战略，积极参与国际经济技术合作和竞争，全方位、多层次、宽领域的对外开放格局已初步形成，开放型经济发展已初见成效。

（一）对外贸易总额快速增长

2000年陕西进出口总额为21.4亿美元，2010年突破100亿美元大关，达120.83亿美元（按当年汇率换算），2013年突破200亿美元大关，达201.29亿美元，2015年达到304.32亿美元（见图2-1）。

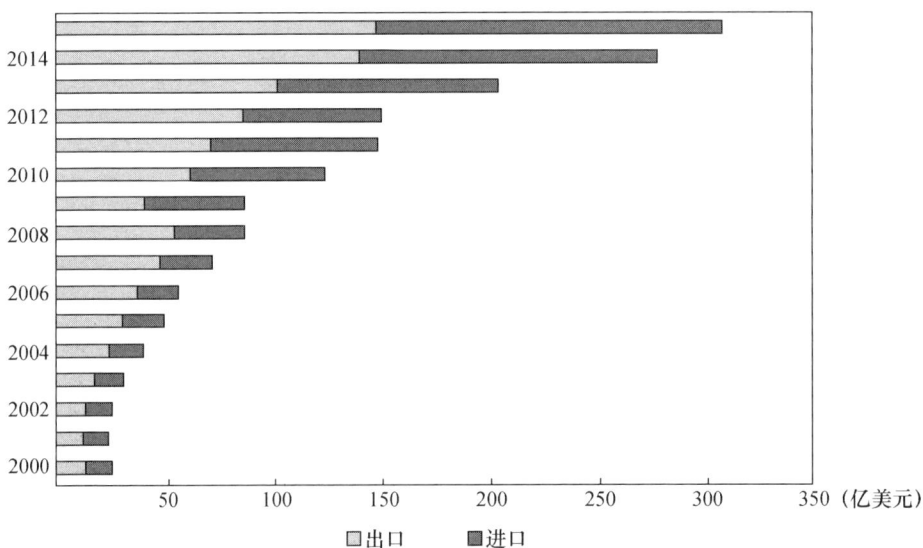

图2-1 2000~2015年陕西省进出口总额

2000～2015 年，陕西进出口总额年均增长 19.4%，呈现高速增长态势。其中，出口额由 2000 年的 13.1 亿美元增长到 2015 年的 147.47 亿美元，年均增长率 17.5%；进口额由 2000 年的 8.3 亿美元增长到 2015 年的 156.84 亿美元，年均增长率达到 21.6%（见图 2-1）。

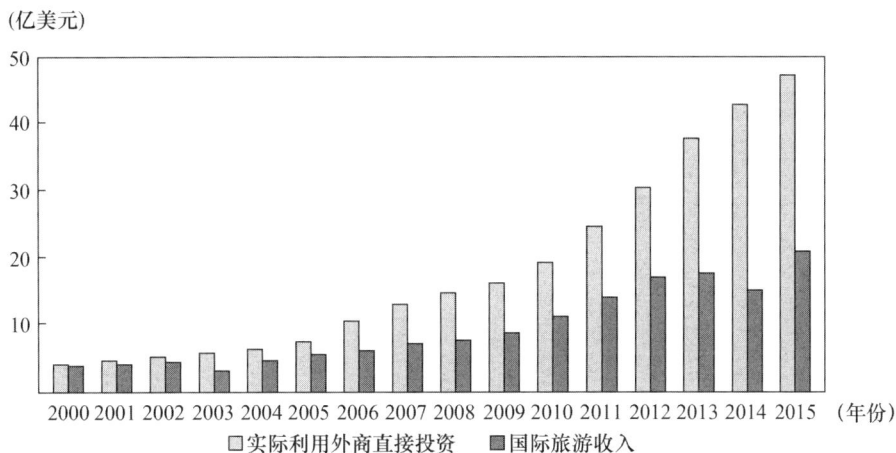

图 2-2　2000～2015 年陕西省实际利用外资与国际旅游收入

陕西省实际利用外商直接投资由 2000 年的 2.88 亿美元发展到 2015 年的 46.21 亿美元，年均增长率 20.3%；国际旅游收入由 2000 年的 2.8 亿美元发展到 2015 年的 20 亿美元，年均增长率 14%（见图 2-2）。

（二）对外开放水平整体发展缓慢

2000 年，陕西外贸依存度为 9.82%，出口依存度为 6.01%，进口依存度为 3.81%，外资依存度为 1.32%，旅游开放度为 1.28%。到 2009 年，受金融危机的影响，陕西进出口、利用外资和国际旅游收入均受到影响，全省外贸依存度为 7.03%，出口依存度为 3.33%，进口依存度为 3.69%，外资依存度为 1.26%，旅游开放度为 0.64%。经过近几年的快速发展，陕西的对外开放水平有所提高，到 2015 年，陕西外贸依存度为 10.52%，出口依存度为 5.1%，进口依存度为 5.42%，外资依存度为 1.6%，旅游开放度为 0.69%，可以看出经过十几年的发展，旅游开放度在 2015 年有所回升，外资依存度增长基本平稳，整体来说，陕西的对外开放水平发展缓慢（见表 2 - 1）。

表 2 - 1　2000 ~ 2015 年陕西省贸易开放度　　　　　单位:%

年份	出口依存度	进口依存度	外贸依存度	外资依存度	旅游开放度
2000	6.01	3.81	9.82	1.32	1.28
2001	4.57	3.93	8.50	1.50	1.27
2002	5.06	3.11	8.17	1.51	1.29
2003	5.55	3.35	8.90	1.49	0.63
2004	6.25	3.25	9.49	1.37	0.94
2005	6.41	3.13	9.53	1.31	0.93
2006	6.10	2.91	9.01	1.55	0.86
2007	6.17	2.93	9.10	1.58	0.81
2008	5.11	2.80	7.91	1.30	0.63
2009	3.33	3.69	7.03	1.26	0.64
2010	4.15	3.93	8.08	1.22	0.68
2011	3.62	3.93	7.55	1.22	0.67
2012	3.78	2.68	6.46	1.28	0.70
2013	3.91	3.78	7.69	1.41	0.64
2014	4.84	4.68	9.52	1.45	0.61
2015	5.10	5.42	10.52	1.60	0.69

数据来源：http://www.shaanxitj.gov.cn/site/1/html/126/131/138/14240.htm.

（三）外贸方式变化明显，外贸结构有所改变

从外贸方式上来看，2000 年到 2015 年间，外贸方式变化明显，在进口额中，一般贸易比重由 2000 年的 74.9% 下降到 2015 年的 21.7%；在出口额中，一般贸易比重由 2000 年的 82.9% 下降到 2015 年的 30.4%，可见经过十多年的发展，陕西外贸方式由以一般贸易为主逐渐演变成以加工贸易为主。

从外贸结构上看，陕西进出口一直以工业制成品为主，但经过十几年的发展，初级产品和工业制成品的比例却有所变化。具体来看，在出口货物结构中，初级产品所占比例有所下降，由2000年的11.3%下降到2015年的3.6%；工业制成品的比例有所上升，由2000年的88.7%上升到2015年的96.4%（见图2-3）。在进口货物结构中，初级产品所占比例有所上升，由2000年的2.7%上升到2015年的5.4%；工业制成品的比例有所下降，由2000年的97.3%下降到2015年的94.6%（见图2-4）。

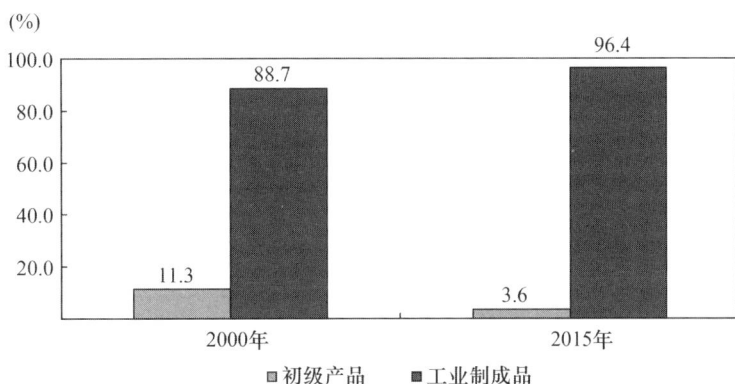

图2-3　2000年与2015年陕西出口货物结构对比

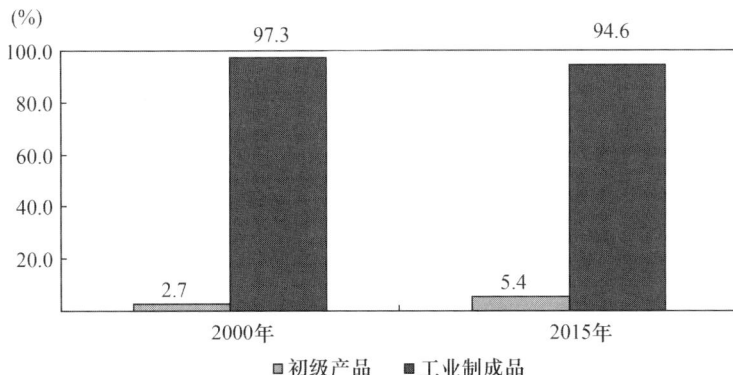

图2-4　2000年与2015年陕西进口货物结构对比

由以上分析可见，近十几年来，陕西开放型经济发展迅速，整体上外贸、外资处于迅速增长的时期，外贸方式由一般贸易为主向加工贸易为主转变，进出口货物结构中，仍以工业制成品为主。

二、陕西建设内陆改革开放新高地的短板

（一）经济外向度较低

从与全国比较分析来看，整体上陕西的外资依存度、旅游开放度与全国平均水平比较接近，而陕西外贸依存度、经济外向度指标与全国平均水平相差甚远，外贸依存度仅占到全国平均水平的28.7%，经济外向度仅占全国平均水平的32.8%。由于外资额和旅游外汇收入远远低于进出口额，因此外贸依存度和经济外向度指标在反映经济开放度中所起的作用更大。由此可见，陕西开放型经济发展整体严重滞后。2015年，陕西实现地区生产总值18171.86亿元，在西部省份排名第二，占西部地区生产总值的12.5%；国际旅游收入为20亿美元，在西部省份排名第二，占西部地区国际旅游总收入的17.5%；对外贸易和外商直接投资完成额为351.25亿美元，在西部省份中排名第四，仅占到西部地区外贸、外资总额的10.9%，可见陕西对外经济与其经济发展的协调性较差（见表2-2）。

表2-2　2015年陕西各指标占西部地区的比重　　　　　　单位:%

	GDP	进出口总额	国际旅游收入	实际利用外商直接投资	对外承包工程完成额
内蒙古	12.39	4.37	8.41	11.08	0.44
广西	11.55	17.58	16.75	5.66	6.31

续表

	GDP	进出口总额	国际旅游收入	实际利用外商直接投资	对外承包工程完成额
重庆	10.80	25.55	12.83	12.40	8.12
四川	20.69	17.66	10.32	34.32	36.65
贵州	7.22	4.19	2.02	8.64	4.55
云南	9.43	8.41	25.13	9.83	15.72
西藏	0.71	0.31	1.54	0.23	—
陕西	12.49	10.46	17.48	15.19	14.79
甘肃	4.67	2.74	0.12	0.36	1.96
青海	1.66	0.66	0.34	0.18	0.84
宁夏	2.00	1.30	0.18	0.61	—
新疆	6.41	6.75	4.86	1.49	10.62

数据来源：http：//www.shaanxitj.gov.cn/site/1/html/126/131/138/14240.htm.

2015 年西部地区外贸依存度最高的是重庆，达到 29.5%，新疆、广西、四川、云南的外贸依存度都在 11% 以上，西部地区平均水平为 12.5%，而陕西的外贸依存度仅为 10.5%。可见，陕西的对外贸易依存度水平远低于西部地区的平均水平（见图 2-5）。

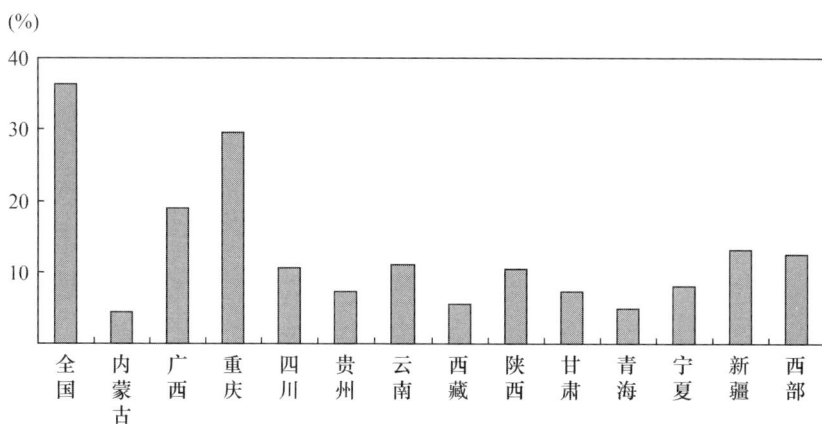

图 2-5　2015 年全国及西部各省外贸依存度比较

在西部 12 个省市中，陕西的外贸发展状况也明显滞后。2015 年陕西 GDP 位列西部第二，而 305.04 亿美元的进出口总额仅位列西部第四，可见其对外贸易额无法与陕西的区位特征相匹配，外贸依存度较低，出口贡献度低，导致促进陕西经济发展的动力不足（见表 2－3）。

表 2－3　2015 年全国及西部各省经济开放度比较　　　　单位:%

	外贸依存度	外资依存度	旅游开放度	经济外向度
内蒙古	4.40	1.16	0.33	4.43
广西	19.00	0.64	0.71	19.99
重庆	29.51	1.49	0.58	31.48
四川	10.65	2.16	0.24	13.94
贵州	7.25	1.56	0.14	9.21
云南	11.13	1.36	1.31	13.55
西藏	5.55	0.42	1.07	—
陕西	10.46	1.58	0.69	12.79
甘肃	7.34	0.10	0.01	7.70
青海	4.98	0.14	0.10	5.45
宁夏	8.11	0.40	0.04	—
新疆	13.14	0.30	0.37	14.50
西部	12.48	1.30	0.49	14.42
全国	36.42	1.16	1.05	39.00

数据来源：http://www.shaanxitj.gov.cn/site/1/html/126/131/138/14240.htm。

旅游开放度的水平，一直是一个国家或地区对外开放的重要标志，同时旅游业是第三产业的重要组成部分，在很大程度上影响第三产业规模。2015 年西部各省中，国际旅游外汇收入最高的省份是云南（28.76 亿美元），排在其后的是陕西、广西、重庆，分别为 20 亿美元、19.17 亿美元、14.69 亿美元。2015 年西部地区旅游开放度平均水平为 0.49%，旅游开放度水平高的地区分别是云南（1.31%）、西藏（1.07%）、广西（0.71%）和陕西（0.69%）。陕西旅游资源丰富，具有丰富的历史文化遗产，有较多的旅游资源，可旅游开放度水平却低于1%，旅游开放度与陕西在国际旅游业的地位相比还有一定差距，说明陕西的旅游业发展仍有很大的提升空间（见图2-6）。

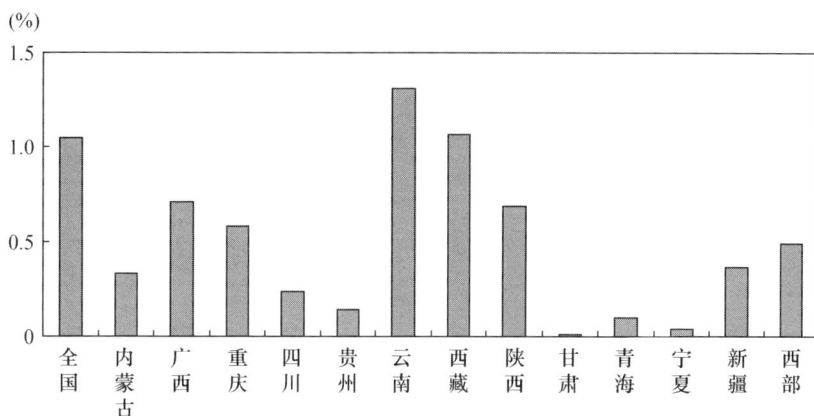

图2-6　2015年全国及西部各省旅游开放度比较

在对外开放的过程中，发展中国家对国外资本的有效利用可以加快经济发展的步伐。从整体上看，西部各省区实际利用外资整体水平较高，外资依存度达到1.3%，高于全国平均水平。陕西外资依存度为1.58%，虽然高于全国和西部平均水平，但其利用外资的能力还不够稳定，外资对陕西经济发展的推动作用还亟须加强（见图2-7）。

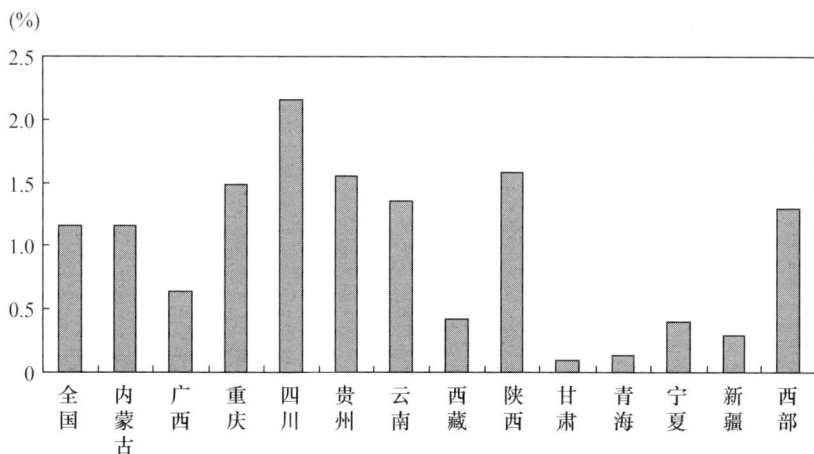

图2-7　2015年全国及西部各省外资依存度比较

从对外经济整体水平来看，可以利用经济外向度指标具体分析。2015年，陕西经济外向度与全国平均水平的比值为32.8%，与西部平均水平的比值为88.7%。与西部其他省份比较，重庆、新疆、四川、广西和云南的经济外向度均高于陕西，可见陕西的经济外向度偏低。虽然陕西的对外经济取得了一定的发展，但是经济外向度低已经成为制约陕西经济持续增长的一大短板。陕西要保持经济的持续高速增长，就必须发挥净出口增长引擎的作用，尽快弥补经济外向度低的短板，重视对外经济的发展。

（二）改革进程比较慢

在改革方面，有些部门和干部心存胆怯不敢改，缺乏敢于啃硬骨头、敢于涉险滩的改革勇气；心有私利不愿改，缺乏向自己开刀割肉的改革决心；心中茫然不会改，缺乏科学谋划、善做善成的改革智慧。在开放方面，观念相对封闭保守，海纳百川、登高望远的开放意识不够；缺乏全球化、国际化视野，互惠互利、合作包容的共赢意识不足；不善于用好"两种资源、两个市场"，到国际市场搏击风浪的竞争意识不强。在创新方面，鼓励创新、宽容失败的创新文化不够浓厚，受思维定式的影响、利益固化的禁锢，因循守旧、不思进取、小富即安，怕改革引发矛盾、怕开放加剧竞争、怕不能适应改革开放后一系列的变化。具体表现如下：

一是市场主体不大不强，国有企业资产证券化率仅为百分之十几，而上海、深圳分别达36%和40%。非公经济占全省GDP的比重为53.4%，与全国60%的平均水平有较大差距。入围世界500强的企业仅延长石油和陕煤两家，全国民营企业500强陕西省仅4家。

二是现代市场体系仍不健全，生产要素市场发展缓慢，服务市场、资本市场、虚拟市场作用发挥有限，全省贷款余额和社会融资规模分别占全国的2.15%和2.46%，低于陕西省GDP占全国2.8%的比重。

A 股上市公司仅有 40 余家，远远落后于四川上市企业数量。

三是政府职能转变仍不到位，个别部门对涉及自身利益较多的行政审批项目不愿减、不愿放，与广东、浙江、四川等地相比，在审批项目、办理程序、服务质量等方面还有差距。

四是法治建设仍有较大差距，依法执政、依法行政落实不够，决策公开、执行公开、管理公开、服务公开、结果公开机制还不健全。

三、陕西建设内陆改革开放新高地的总体思路

抓住"一带一路"历史机遇，坚持国际化视野引领开放、市场化导向完善体制、系统化思维统筹谋划、项目化方式推进实施，强化全面创新驱动和全面深化改革"双引擎"，以开放促改革，以改革促发展，全面加快陕西追赶超越步伐。

（一）战略定位

陕西建设内陆改革开放新高地，既要科学定向施策营造政策洼地，又要遵循市场规律打造制度性开放和制度性创新的策源地；既要坚持问题导向下功夫补齐短板，又要着眼战略全局发挥比较优势；既要全方位、全领域追赶超越，又要突出重点，在若干领域处于全国领先。

第一，全国领先、世界一流的高端能源化工产业基地。全面推进能源资源深度转化，支持延长石油、陕煤等由能源龙头企业向能源技术创新基地迈进，使陕西省煤油气转化增值率达到全国领先水平，实现能源化工产业高端化、高碳产业低碳化、产业发展与环境保护一体化。

第二，具有全球影响力的新一代新型产业高地。大力发展电子信

息产业，依托三星、美光、771 研究所等龙头，打造全球高端芯片制造、封装、测试一体化产业基地，培育千亿规模智能终端产业集群。发挥航空飞行器设计、制造、研发、鉴定、试飞集成优势，加快建设全球最大的涡桨支线飞机研制生产基地，依托空港新城建设国际航空枢纽和国内一流的航空服务基地。

第三，"一带一路"新起点。陆上、空中、信息三条丝绸之路格局形成，内陆自由贸易新模式基本确立，利用外资质量、投资贸易便利化和开放型经济水平显著提升，"走出去"规模和效益明显壮大，成为辐射内陆、向西开放的新引擎。

第四，新型城镇化建设新范例。创新城市发展方式，推动西咸新区体制机制创新，提升大西安国际化水平，打造关中城市群，分工合理、功能互补、协同发展的城镇体系基本形成。

第五，全国领先的全面创新改革试验区。以建设创新型省份、关中自主创新示范区和西安全面创新改革试点为引领，以科技创新为核心，带动管理、模式、机制等全面创新，建设创新驱动发展新引擎，为建设创新型国家探索新路径。

第六，国家生态安全新屏障。坚持绿色发展理念融入全过程，山水林田湖一体化治理，生态环境保护与生产力布局优化，南水北调水源地生态良好，陕北高原实现绿化，渭河清洁安澜，关中水系良性循环，山河江坡综合治理成效显著，美丽陕西天蓝地绿水清。

（二）阶段目标任务

第一阶段，到 2020 年，重要领域和关键环节改革取得重大突破，市场配置资源的决定性作用充分发挥；对内对外开放不断拓展，经济外向度明显提升，基本形成宽领域、多层次、高水平的全面开放新格局。

第二阶段，到 2030 年，开放型经济指标体系处于中西部领先地位，"五位一体"总体布局全面提升，在区域发展中的辐射带动作用进一步提高，更多领域走在全国前列。

表 2-4 陕西建设内陆改革开放新高地指标体系

类别	指标名称	2015 年	2020 年	年均增长（%）	属性
经济发展	生产总值（万亿元）	1.8	3.0	8	预期性
	地方财政收入（亿元）	2060	3300	10	预期性
	全社会固定资产投资（万亿元）	2.02	【14】	10	预期性
	规模以上工业增加值（亿元）	7400	10800	9	预期性
深化改革	非公经济增加值占 GDP 比重（%）	53.4	58		
	科技进步贡献率（%）	55	60		
	产业转型升级	初级阶段	基本完成		
	体制机制创新	探索阶段	基本健全		
结构效益	服务业增加值占 GDP 比重（%）	39.7	45 以上	—	预期性
	城镇化率（%）	53.9	60	—	预期性
	战略性新兴产业增加值占 GDP 比重（%）	10	15	—	预期性
	研发经费占 GDP 比重（%）	2.1	2.6	—	预期性
社会发展	居民人均可支配收入（万元）	1.74	3	10	预期性
	人均预期寿命	75.7	76.7		
	农村人口脱贫		【330】		约束性
	农业转移人口落户城镇数（万人）	【600】	【1000】	—	预期性
扩大开放	进出口总额（亿美元）	297	600	15	
	国际旅游外汇收入（亿美元）	16	32	15	
	实际利用外商直接投资（亿美元）	46	92	15	
	外贸依存度（%）	12.8	15		
	入驻世界 500 强企业数（个）	>200	>300		

注：【】表示累计数。

数据来源：《2015 年陕西省国民经济和社会发展统计公报》，《陕西省国民经济和社会发展第十三个五年规划纲要》。

四、陕西建设内陆改革开放新高地的战略举措

（一）全面实施创新驱动发展战略

实施创新驱动发展战略，激发全社会创新活力和创造潜能，是实现当前稳增长和长远谋跨越的原动力和主引擎。面对全球新一轮科技革命与产业变革的重大机遇和挑战，作为西部唯一的创新型试点省份，要把实施创新驱动战略摆在核心位置，带动管理、体制、机制、理念全面创新。

1. 聚焦优势产业加快创新

聚集优势产业群，实施"扩链、强链、补链"工程，围绕新一代信息技术、高端及智能装备制造、生物医药、节能环保、新材料和科技服务业等优势产业，把创新前端的前沿研究，中端的关键技术和共性技术的研发、技术服务、技术交易，后端的投融资服务、项目产业化、创业孵化、人才培训等整合成一个有机的开放式创新网络，抢占承接国际产业链的高端环节、龙头企业和核心项目先机（朱瑞博，2010）。在"互联网＋"、3D 打印材料、智能制造、新舟 700、北斗导航系统及应用等技术领域取得突破及示范应用，主动融入全球价值链、创新链，打造内陆地区战略性新兴产业高地。吸引世界知名跨国公司和创新型企业来陕设立研发机构，促进国际科技研发和产业化合作，抢占产业创新发展制高点。

2. 推进各个领域全面创新

抓住西安被列为全面创新改革试验区域试点的机遇，充分发挥企业—政府—高校三大创新主体的相互作用，系统推进全省科技、管理、

品牌、组织、商业模式创新，实现科技创新、制度创新、开放创新协同发展（王国弘，2016）。一是推进金融与科技深度融合创新，设立陕西省科技成果转化引导基金，引导社会资本投入产业技术创新。组建西安科技银行，建立知识产权质押融资市场化风险补偿机制，简化知识产权质押融资流程。二是面向主导产业搭建产业创新战略联盟，完善产学研协同创新机制，促进技术、产业和资本等要素高效配置。三是强化军民融合创新，制订军民深度融合发展规划，借鉴蓝鲸军民融合创新园等模式，重点抓好兵器工业园、航空航天产业园等重点园区，设立军民融合发展基金，推进军民两用技术双向转移共享。

3. 加快科技管理体制改革

先行在省属科研院所先试科技人员入股、社会资金入股，授权推动高新区职能转变，减少行政职能和考核项目，使其轻装上阵，更好地服务于科技创新。省属高等学校、科研院所自主处置科技成果、分配科技成果收益，创造条件支持央属科研事业单位就地处置科技成果、分配处置收益（徐田江，2016）。设立陕西省科技成果转化引导基金，组建西安科技银行，促进金融与科技深度融合。开展知识产权创新改革试验，让市场决定知识产权转移转让、许可的价格，知识产权入股企业的比例，政府不再干预。加快统筹科技资源改革示范基地建设，大力推广交大科技创新港模式、西安光机所科技创新模式和延长模式，不断激发科技创新活力。

（二）构筑国际竞争新优势的现代产业体系

坚定不移推进大调整、大协作、大循环，延长产业链，打造新支柱，提升高端化水平、推进协同化发展、实施国际化战略，加快构建具有陕西特色的现代产业体系，培育开放型经济新优势。

1. 推动工业转型升级

当前，发达国家纷纷实施"再工业化"战略，发展中国家也积极参与全球产业再分工，陕西正处于工业化中期，面临着传统产业领域追赶和战略新兴产业超越的双重任务。

一是打造高端能源化工产业集群。在稳步推进煤油气产能建设的基础上，继续遵循"三个转化"的方针，大力实施煤炭清洁高效利用和能源替代工程。推进陕北神府、榆横和关中彬长"西电东送"煤电基地建设，依托神华榆林循环经济煤炭综合利用等重大项目，加快培育和引进人力资本（白银，2015），构建煤制油气、煤制烯烃、煤制芳烃、煤制醋酸四大产业链，建设世界一流现代化煤化工产业园区。

二是推动装备制造业转型升级。顺应新一代信息技术与制造业深度融合趋势，实施《中国制造2025·陕西行动方案》，重点发展新能源汽车、能源装备、智能制造、航空航天、数控机床、石油采钻设备等领域（江永洪，2016），抓好千亿陕汽、比亚迪汽车扩建、陕鼓集团智能化节能空分装备研发及产业化等项目，提高高端产品市场占有率，推动陕西由产业链低端向中高端转变，由生产型制造向生产服务型制造转变。

三是改造提升传统产业。围绕有色冶金、食品、纺织、建材等产业，消化一批，转移一批，整合一批，淘汰一批，为新兴产业置换出更多发展空间，采用先进工艺，延长产业链条，发展精深加工。加快"互联网＋"对传统产业的改造提升，促进传统产业和新兴产业融合发展（李丽，2016）。

2. 壮大战略性新兴产业规模

围绕重点建设和完善核心产业链，打造全国重要的战略性新兴产业基地。新一代信息技术要充分发挥"三星"效应，下决心引进台积电等龙头企业，培育壮大电子级多晶硅、大直径单晶炉和硅片制造等配套产业，打造全球高端芯片制造、封装测试一体化产业基地；推进智能终端制造及配套产业发展，加快物联网、通信、半导体照明、平板显示和激光等产业发展，打造具有全球影响力的新一代信息技术产业高地。航空航天要发挥西飞、西航、陕飞等龙头企业作用，推进新舟飞机系列化发展、民用无人机研制和产业化，加快推进军民融合，提升产业聚集配套能力，打造国内领先的卫星应用产业集聚区（李香菊、杜伟，2015）。增材制造要推进3D打印及智能制造新技术、新工艺、新装备、新产品研发和产业化，培育增材制造全产业链，建设国家级增材制造示范基地。新材料重点发展钛及钛合金、碳纤维、硅材料、生物基材料等，构建钛及钛合金、高性能碳纤维、硅材料、钼及钼合金等核心产业链，建设"宝鸡·中国钛谷"。生物技术重点突破关键技术，扩大产业规模，建设完善陕南原料药种植加工基地和西安、杨凌生物医药、生物育种研发生产基地。节能环保重点发展水体与大气污染防治、固体废弃物处理、环境监测仪器仪表、节能与清洁生产等装备，以及新型环保材料与药剂产业化。

3. 加快发展服务业

服务业一直是陕西产业结构的短板，"十三五"时期，要重点围绕信息服务、文化旅游、物流、金融、制造业服务、健康养老等领域，着力打造西部地区信息服务业发展的引领区、制造业与服务业融合发展的示范区、现代物流业发展的实验区和金融服务业发展的创新区。信息服务业要加快推进下一代互联网、信息惠民、云计算服务、电子商务等国家试点城市建设，实施大数据行动计划，构建大数据服务创新生态体系，推动陕西省大数据和云计算产业步入全国领先行列。加快实施"互联网+"带动战略，推动互联网与装备制造、能源化工、金融、物流等产业融合发展，提升产业集群竞争力（柳洲，2015）。要提升西安全国物流节点城市辐射能级，强化宝鸡、榆林、安康等重要物流节点，加快物流基础设施网络建设，实施互联网+物流业计划，推动供应链管理、物流金融、电商物流、高端物流贸易等新型物流业态发展，打造丝绸之路经济带物流中心。文化旅游要以挖掘资源潜力为切入点，坚持开发利用与保护并重，推进旅游和文化的深度融合，带动现代服务业实现更大发展。金融要加强多层次的金融体系建设，打造区域性金融中心，组建若干地方专业性股份制银行。稳步推进国有资产证券化，支持企业上市融资。大力发展互联网金融，支持设立P2P、众筹融资、第三方支付、移动支付和电商金融等平台机构（谢平、邹传伟，2012）。

4. 推进农业现代化

依法划定永久基本粮田，抓好耕地红线、生态红线、城建用地红线"三线合一"，实施耕地质量保护与提升行动，着力提高粮食综合生产能力。推进农业产业化经营，培育新型经营主体，鼓励土地承包经营权在公开市场上向专业大户、家庭农（林）场、农民合作社、农业企业流转，发展规模化、专业化、现代化经营，探索建立农产品田头市场+电商服务+消费终端配送等营销模式。以制度创新、激发活力为方向，深化农村综合改革（项继权，2016）。深入推进农村土地确权颁证和宅基地制度改革，实现土地经营权的资产化，选择不同类型地区进行宅基地制度改革试点，逐步实现农民对宅基地的完整收益物权。加快建设产权清晰、规则一致、竞争有序的城乡统一建设用地市场，稳妥推进土地征收制度和农村集体经营性建设用地入市改革，实行与国有土地同等入市、同权同价。

（三）创新城乡区域协同发展新模式

以新型城镇化提升城乡格局、以主体功能定位明确区域格局、以绿色化引领生态格局，是建设内陆改革开放新高地的应有之义。要自觉担当国家生态安全新屏障和创新城市发展方式的任务，顺应我国经济进入区域协同发展新特征，顺势而为、大胆创新、系统推进。

1. 着力优化城镇格局

国家明确提出，以城市群为主要形态推进新型城镇化。以西安为核心的关中城市群，位于承东启西、连接南北的关键位置，有望培育成丝绸之路经济带最大的城市群，要科学谋划这一城市群的发展，争取上升为国家战略。加快构建以大西安为核心，以陇海铁路和连霍高速沿线为横轴，以包茂高速沿线为纵轴，以陕北长城沿线、陕南十天高速沿线为两带，以京昆、福银、沪陕高速沿线为三条走廊，以宝鸡、榆林、汉中、渭南为四极"一核两轴两带三走廊四极"的城镇群格局。发挥轴带聚集功能，推进宝鸡—杨凌—兴平、黄陵—延安—安塞、汉中盆地等12个城镇带建设，形成以大中小城市合理布局、城乡协调发展、生态宜居的新型城镇化格局。

2. 提升城市品位和内涵

将绿色化要求融入城市发展全过程，按照现代田园都市建设理念，节约集约利用土地，统筹规划城乡水系，注重彰显文化特色，塑造城市精神（陈转青，2008），在城镇边界和定位方面积极探索。推进关中无线城市群建设，加大热点区域无线网络覆盖，建设信息化公共平台，构建智慧城市支撑服务体系，推进宝鸡、渭南、延安、杨凌示范区智慧城市建设。充分尊重城市历史脉络、文化特色和遗址资源，营造历史底蕴厚重、时代特色鲜明的城市空间，加强历史文化名城名镇资源挖掘和文化生态的整体保护，保存城市文化记忆。

3. 推进特色小镇建设

小城镇能够就地就近聚集人口、吸纳就业，是统筹城乡和加快新型城镇化的关键点。以31个省级重点示范镇、文化旅游名镇为重点，带动市级重点镇和各类特色小镇建设，围绕市政基础设施、公共服务设施建设和环境综合整治等，推动重点镇向小城市转型。建立财政转移支付同农业转移人口市民化挂钩机制，放宽市场准入，允许社会资本以PPP等模式参与城镇公共设施投资建设（姚蓉，2015）。依据各镇自然、人文、产业等特点，通过市场运作的方式，加大小城镇基础设施、主导产业、特色经济建设力度，建设一批工业主导型、资源开发型、市场贸易型、交通枢纽型、历史文化型、休闲旅游特色小镇。

4. 推进区域协调发展

一是推进关中创新一体化发展。以西安国家中心城市建设为引领，推动产业布局、城乡规划、基础设施、公共服务一体化，建立关中创新一体化发展协调机制，实现创新一体化发展。

二是推进陕北转型升级发展。加快能源产业延伸，打造一个高效清洁、以精深产品加工为主的全产业链，建设陕北高端能源化工基地。同时要积极培育装备制造、现代特色农业、文化旅游等新型产业，形成多点支撑格局（霍海澎，2016）。推进延安建设全国革命老区城乡发展一体化先行区，支持榆林打造陕甘宁蒙晋接壤区四化同步、开放创新、充满活力的区域中心城市。

三是推进陕南循环绿色发展。构建和共享共同的营销平台，强化产学研合作，提升产品技术含量和附加值，打造集群企业共享的区域品牌，降低企业的交易成本，构建现代绿色循环产业体系（王东生、郑宽明，2013）。

四是深化毗邻省份合作。加强与"一带一路"沿线省份的合作互动，推动陕蒙宁甘建成现代能源与生态合作区，秦晋豫"大三角"打造内陆新型增长极，加强与京津冀、长江经济带、泛珠三角、成渝等经济区的经济技术交流与合作。

（四）构建开发开放型经济新体制

以点带面、梯度开发，从沿海沿边开发到全方位开发开放，是我国改革开放的基本经验。陕西建设内陆改革开放高地，要遵循"一核多极、双向并举、三大平台"的思路，推进多领域、多层次开发开放。

1. 积极融入国家"一带一路"战略

"丝绸之路经济带"为陕西扩大向西对外开放，发展外向型经济带来新机遇（梁娟等，2014）。陕西将挖掘与经济带沿线国家的互补性和广阔的合作空间，围绕打造金融中心、物流商贸中心、科教中心、制造业中心、旅游中心、交通通信中心的定位，进一步提高区域板块和产业布局的国际化水平，引导西咸新区、西安高新区、西安经开区、国际港务区等板块错位发展、集成优势。推进城市功能和发展环境的国际化，建立与国际市场对接的外事、金融、咨询、公共设施等服务体系，赋予西安更大的经济社会管理权限，带动西咸一体化和关中一体化发展。各类开发区已经成为全省经济发展的强大引擎、对外开放的重要载体和改革创新的试验基地，要引导开发区推进体制创新、技术创新、模式创新和服务创新，加快"去行政化"，加速培育产业、区位、营商环境和规则标准等综合竞争优势，形成一批开放型经济新体制的"探路者"。"一带一路"是覆盖全省的重大开放机遇，要引导各地市围绕国家战略，找准自身定位，主动融入，带动本区域开放型经济上台阶。

2. 双向并举推进开放

围绕"一带一路"建设和中巴、孟中印缅等六大经济走廊等一系列国家战略，立足陕西、找准定位，向东向西、对内对外开放并举。强化企业的开放主体地位，坚持加快培育与加强合作、"引进来"与"走出去"并重。一方面，在对外贸易、加工贸易、服务贸易等领域，通过结构调整、兼并重组、提质增效，培育龙头企业；另一方面，积极吸引跨国公司及全球行业领先企业战略投资，引导外资投向高端制造业、高新技术产业、战略性新兴产业和现代服务业。支持有实力的企业跨国经营，在全球范围内布局产业链和供应链。要抓住全球产业重新布局的机遇，积极探索承接产业转移新路径，通过开展绿地投资、并购投资、证券投资、联合投资等新方式，鼓励有实力的企业开展境外基础设施投资和能源资源合作，带动产品、技术、标准、服务出口（施宏伟、王煜，2012）。

3. 三大平台支撑开放发展

一是依托自贸区倒逼体制机制创新。紧盯国家政策动态，实施以贸易畅通为核心的贸易投资便利制度，探索负面清单利用外资管理模式，创造国际化、市场化、法治化的营商环境。以大通关为目标推进贸易便利化，整合保税区和出口加工区，促进海关特殊监管区科学发展，加快实现区港联动、区区联动、关区联动（苏凤昌等，2016）。

二是做实产业合作平台。依托浐灞生态区建设欧亚经济论坛综合园区，打造欧亚国家领事、欧亚论坛、上合金融、国际商贸、丝路总部经济等高端产业集群。同时，统筹抓好中俄、中哈、中韩等系列产业合作园区建设。

三是完善国际交流平台。创新欧亚经济论坛形式，增设文化交流、技术交易、项目论证等国际合作内容；打响丝博会国家级重点展会品牌，突出投资洽谈重点，拓宽合作领域；加快建设浐灞国际使领馆区，着力引入各国驻华领事馆及涉外机构、驻华办事处、欧亚企业代表机构。

4. 加强文化国际交流合作

积极与西亚、中亚、欧洲各国开展文学、艺术、影视、广播电视、出版印刷等现代文化领域的交流合作，策划组建陕西省丝绸之路国际文化贸易中心，争取建设中国文化中心。依托丝路风情园、欧亚论坛综合园区等平台，通过文艺晚会、音乐会、艺术博览会以及文化论坛等多种形式，加强与世界各国文艺机构和团体文化交流，建设汇集各国民俗风情和优秀特色文化的国际文化交流活动基地。引进世界一流创意设计和运营管理团队，加快西安中央文化商务区、欧亚文化博物馆群等项目建设，推进秦兵马俑文化景区、欢乐东方文化城等建设，加快文化保税区建设，促进文化产品和服务出口。要提高对外文化交流水平，完善机制、创新方式，综合运用大众传播、群体传播、人际传播等多种形式，把跨越时空和国度、富有永恒魅力和当代价值的陕西文化传播出去。

（五）提高区域之间基础设施互联互通水平

"十三五"仍是陕西交通基础设施改善的重要时期，要通盘考虑、突出重点、适度超前，统筹推进陕西"三个丝绸之路"建设，提升陕西与周边区域互联互通水平。

1. 优化提升陆上丝绸之路

一是加快建设西安国际化综合交通枢纽，实现以西安为中心2～3小时到达周边省会城市，5～6小时到达环渤海、长三角和珠三角的快速交通圈。二是全面提升铁路运输能力，推进包头—海口高铁等建设，基本建成"三纵五横八辐射一城际"骨架网，实现"关中通城际、市市通高铁、快速通全国"的目标。三是加快完善公路网络，基本实现县县通达高速公路、省内高速公路互联互通，推进沿黄公路、县城过境公路、瓶颈路段等国省及重点园区、景区连接线建设（李艳、张路，2015）。

2. 全面拓展空中丝绸之路

启动西安咸阳国际机场三期扩建前期工作，拓展加密西安直达亚洲、欧洲及美国、澳大利亚等国际航线，加强与中亚国家的直联航空通道建设，构建高效的国际—国内中转航线网络，打造航空货运中转集散中心、分拨中心、空港综合保税区（王娅，2016）。依托西咸新区空港新城，以航空制造、航空物流、航空维修、通用航空为产业发展重点，建设国家级航空城实验区。开工建设宝鸡、府谷、定边支线机场，加快丹凤、富平、横山、华山等一批通用机场建设。到2020年，西安咸阳国际机场旅客吞吐量超过5000万人，国际国内航线达到300条左右，国际（地区）旅客运量超过400万人次。

3. 加快建设信息丝绸之路

互联网时代使内陆区域变为开放前沿成为现实，要进一步提高国际通信互联互通水平，扩大信息交流与合作，打通丝绸之路经济带信息通道。加快建设宽带、融合、安全的下一代信息基础设施，加强光纤接入和新一代移动通信网络建设，积极推进关中无线城市群建设，加大热点区域无线网络覆盖，全面推广三网融合，构建城乡一体的宽带网络（诸云强，2015）。以沣西新城为依托，加快推动移动互联网、物联网、大数据等产业发展，构建以西安为中心的丝路经济带城市信息交换枢纽。

（六）全面深化重点领域各项改革

1. 不折不扣推进国家部署的各项改革

深化经济体制改革。大力发展混合所有制经济，鼓励国有资本、集体资本、非公有资本等双向进入、交叉持股、相互融合。推动国有企业分类改革，形成产权多元、自主经营、治理规范的混合所有制企业。进一步拓宽民间投资的领域和范围，着力消除民间投资的各类隐性壁垒，优化非公有制经济发展的制度和政策环境，促进各类所有制优势互补、深度融合、共同发展繁荣（李小红、赵华伟，2011）。抓好资源配置市场化、省直管县、开放型经济等重点领域改革，加快推进省资源交易中心及土地、电力、水权等要素市场建设。推进税费和流通体制改革，扩大"营改增"范围。加快社会领域改革。深化收入分配制度改革，健全再分配调节机制。探索国有企业工资总额和工资水平双重调控机制，完善企业工资指导线和最低工资制度。加快推进有利于基本公共服务均等化的现代财政体制改革。持续推进行政体制改革。深化行政审批制度改革，创新政府运行机制，积极推行"权力清单"、"负面清单"和"责任清单"制度。

2. 迎难而上积极推进自主改革

坚持完善民生中期预算和"两个80%"的财政投入机制。完善学前一年免费教育制度，推动新一轮学前三年行动计划。推广市级医疗联合体和医疗集团，推行医疗服务县镇一体化，实行分级诊疗模式（马集琦，2011）。完善社会保险缴费政策，降低社会保险费率，健全完善养老补贴制度。推动文化体制改革继续走在全国前列。推出建设用地、资金投入、项目审批等自主改革举措，鼓励和支持安康市深化农村改革试点。积极探索市以下建立"大部委"改革。深化公共资源交易体制改革，确保公开、公平交易。

3. 深入推进促进开放的各项改革

以改革促进开放，以开放倒逼改革。坚持问题导向，加强顶层设计，打破部门利益和条块分割，着眼国际高标准投资和贸易规则，展开探索，先行先试，不断提高对外开放水平。

（七）系统推进生态文明建设

1. 推进关中水系生态恢复和利用

牢固树立尊重自然、顺应自然、保护自然的生态文明理念，遵循"山水林田湖是一个生命共同体"系统治水思路和水系自然规律，以聚集水、留住水、形成良好水生态为重点，系统规划关中水系，加强渭河、泾河、石头河、黑河源头和秦岭北麓等水源涵养区的保护，统筹实施堤防、蓄滞洪区、湿地等生态工程建设，构建以秦岭北麓、渭河和泾河沿岸生态廊道为主体的生态格局。加快关中水系重点工程建设，加快建设以引汉济渭、东庄水库、斗门水库等重大工程为架构的关中供水网络，推进泾河、漆水河防洪减灾工程。研究制定河湖保护条例，加快湿地恢复和保护，综合治理江河湖库，集中建设一批城中河综合治理和湿地生态景观，打造人水和谐的宜居生态环境，形成"河库湖池渠连通、地表地下水互补"的关中水系新格局，再现山清水秀、河畅湖美的美好家园。

2. 综合施策推进生态环境保护治理

围绕山青、水净、坡绿的生态建设目标，综合运用退耕还林、小流域治理、防沙绿化等多种措施，系统推进山河江坡一体化治理，构筑黄土高原区、关中平原区、秦巴山区"三屏三带"生态屏障。坚持全面规划、统筹兼顾、远近结合、注重生态的基本原则，系统改进生产方式和治理模式，推进生态治理向柔性、全面性和长期性治理转变。继续实施生态搬迁、城市绿化、绿色长廊、天然林保护等重点生态治理项目，在城乡建设中强制性划定绿地范围和通风廊道，给自然生态留下必要的人文关怀和时间空间。严格划定生态红线，切实落实主体功能区规划，落实划定城市边界控制发展规模，着力控制开发建设空间范围和规模，减少对自然生态系统的干扰，确保生态系统的稳定性和完整性。

3. 加大雾霾治理力度

全面实施《大气污染防治行动计划》和"治污降霾·保卫蓝天"五年行动方案，健全大气污染联防联控机制，继续打好减煤、控车、抑尘、治源、禁燃、增绿等治污降霾组合拳（李新宁，2015）。大力推广煤炭清洁利用，积极调整能源结构，加快"气化陕西"步伐，下决心抓好燃煤减量替代、超净排放改造、机动车尾气污染治理、炸山采石整治、城乡垃圾污水处理设施建设等工作。强化对工地、道路扬尘的日常监管，扎实推进工业、建筑、交通和公共机构节能，坚决淘汰落后产能，以最高的标准实施最严格的监管。

4. 健全生态文明制度体系

把生态文明建设纳入法治化、制度化轨道。完善资源有偿使用、环境损害赔偿和生态补偿制度，促进形成综合补偿与分类补偿相结合，转移支付、横向补偿和市场交易互为补充的生态补偿制度。推进排污权交易制度改革，完善排污权有偿使用及交易体系。制定环境保护责任追究办法，建立重大生态决策终身责任追究制度。深化环境保护体制改革，探索总量控制精细化管理新机制，实施不同区域分类管理的差别化政策措施（赖作莲、查小春，2014）。

本章参考文献

陕西省统计局．陕西加快建设内陆改革开放新高地的路径研究〔EB/OL〕．〔2016－11－15〕．http：//www. shaanxitj. gov. cn/site/1/html/126/131/138/14240. htm.

朱瑞博．"十二五"时期上海高技术产业发展：创新链与产业链融合战略研究〔J〕．上海经济研究，2010（7）：94－107.

王国弘．陕西创新驱动发展的双螺旋模型框架研究〔J〕．科技与产业，2016（11）：17－22.

徐田江．陕西与深圳创新驱动发展模式比较与借鉴〔J〕．中国经贸导刊，2016（18）：59－61.

白银．"九要素模型"对提升榆林能源化工产业集群竞争力的启示〔J〕．特区经济，2015（7）：111－112.

江永洪．陕西高端装备制造业竞争力提升路径研究〔J〕．科技展望，2016（36）：61.

李丽．河北省传统产业发展现状及改造提升的对策建议〔J〕．科技经济导刊，2016（22）：101－102.

李香菊，杜伟．地方政府促进新兴产业发展的政策研究——以陕西航空航天为例〔J〕．华东经济管理，2015（9）：1－7.

柳洲．"互联网＋"与产业集群互联网化升级研究〔J〕．科学学与科学技术管理，2015（8）：73－82.

谢平，邹传伟．互联网金融模式研究〔J〕．金融研究，2012（12）：11－22.

项继权．当前农村综合改革的方向和重点〔J〕．华中师范大学学报（人文社会科学版），2016（3）：1－4.

薛小荣，杜金梅．陕西省新型城镇化质量评价及启示——以关中城市群为例〔J〕．商业经济研究，2015（35）：137－140.

陈转青. 提升城市品位增强城市竞争力 [J]. 常州工学院学报, 2008 (4)：85-89.

姚蓉. 新型城镇化背景下陕西小城镇建设的着力点 [J]. 新西部, 2015 (3)：15-16.

霍海澎. 陕北"十三五"发展重在转型——专访陕西省新型中心主任李振平 [N]. 陕西日报, 2016-3-25 (9).

王东生, 郑宽明. 陕南绿色产业集群发展制度的分析与优化研究 [J]. 农业经济与科技, 2013 (7)：8-10.

梁娟, 白阳, 李树峰. 陕西建设内陆开放新高地 [N]. 国际商报, 2014-6-3 (B04).

施宏伟, 王煜. 陕西企业"走出去"路径与对策研究 [Z]. 陕西省社会科学界联合会专题资料汇编, 2012.

苏凤昌, 李宇, 纪丽娟. "一带一路"战略下的西安自贸区建设可行性研究 [J]. 陕西行政学院学报, 2016 (1)：15-20.

李艳, 张路. 万里高速惠三秦 [N]. 陕西日报, 2015-12-9 (3).

王娅. "一带一路"背景下我国西部民航业发展新机遇——以西安咸阳国际机场为例 [J]. 西安财经学院, 2016 (6)：51-55.

诸云强等. 关于制定"数字'丝绸之路经济带'与信息化基础设施建设科技支撑计划"的思考 [J]. 中国科学院院刊, 2015 (1)：53-60.

李小红, 赵华伟. 关于发展"非公经济"的探讨——落实"非公经济新36条"的对策建议 [J]. 经济问题探索, 2011 (7)：25-29.

马集琦. 公立医院整体托管——陕西县域医疗体制改革的洛川探索 [J]. 西部大开发, 2011 (2)：26-27.

高旭艳. 关中地区水系存在问题的治理措施初探 [J]. 水资源开发与管理, 2016 (2)：32-34.

李新宁．雾霾治理：国外的实践与经验［J］．生态经济，2015 (5)：2－5.

赖作莲，查小春．"美丽中国"视域下区域生态文明建设评估指标体系构建与运用——以陕西为例［J］．生态经济（学术版），2014 (1)：395－398.

第三章　陕西在丝绸之路经济带上的战略定位

　　"一带一路"是我国近期和未来一段时间的国内重大发展战略和对外合作倡议，将重塑我国的经济地理格局。西北地区是向西开放的重点依托，也是丝绸之路经济带建设的前沿地带。能否抓住丝绸之路经济带建设的机遇，事关西北地区持续发展和国家区域协调发展目标的实现。西北地区能否搭上丝绸之路经济带战略的快车，主要取决于各省区的战略定位和战略谋划。通过基于各省区规划文本的比较分析，考察和比较它们之间的异同，并进一步揭示西北五省区抢抓丝绸之路经济带战略机遇背后的共同规律，探索各省区差异化发展与协同发展相结合的创新路径，克服同质竞争，更好地发挥整体作用，为西北地区实施丝绸之路经济带战略提供有价值的理论依据和操作思路。

一、丝绸之路经济带建设是西北地区的重大战略机遇

　　目前，学术界对"一带一路"倡议推动西北地区新的开放发展开展了相关研究，并提出了许多精辟的见解。"一带一路"对内是发展

战略，对外则是合作倡议（李永全，2016）。由于经济带是比城市群、都市圈等更高层次的空间结构，因此"一带一路"等发展战略的提出意味着经济带模式成为当代中国区域开发在空间格局上的重大创新，并将成为未来中国区域发展战略的重要支撑（孙久文，2017）。"一带一路"将经历由商业贸易之路到产业和城市密集带，再到经济共同体和命运共同体的发展、演变过程，其发展方略包括应对当务之急、谋划中期发展和运筹长远之计（安江林，2017）。"一带一路"倡议本质属于区域协调发展中的重点任务，是区域战略体系中的重要组成（张可云，2015）。"一带一路"建设是国内和国际两个空间的一体化，以"一带一路"建设引领区域协调发展，以区域协调发展支撑"一带一路"建设（杨开忠，2016）。

丝绸之路经济带战略的实施，将更加突出西北地区的战略地位，西北地区将因此获得开放的新动力，从对外开放的后方变为开拓新兴市场的前沿阵地（安树伟，2015）。丝绸之路经济带的建设为西北地区开辟了新的发展空间，是继西部大开发后的又一战略机遇（慕慧娟、崔光莲，2015）。西北地区是丝绸之路经济带战略实施的重点地区，其对外经贸合作具有区位和沿边开放等多方面优势，绵延数千千米的边境线将成为国际合作的经济线。西北地区作为东联西出的重要通道，将东部及内陆广大地区与向西开放的前沿地区连接起来，成为对外合作尤其是与中亚国家合作的区域联合体。丝绸之路经济带战略的实施，必将带动西北地区经济开发的扩展和升级，缩小东西部发展差距，促进全国大区域的均衡发展（张乃丽、徐海涌，2016）。

西北地区在丝绸之路经济带建设中的机遇远远大于挑战。西北地区民族差异大、经济发展水平和市场化程度较低、二元经济结构明显、对外开放较晚、开放程度较低。借助丝绸之路经济带的战略机遇，利用资源优势和后发优势，将促进经济开放水平，进而带动西北地区的持续发展（朱智文、杨洁，2015）。

从已有研究的梳理发现，现有研究从研究对象的角度看，要么是分省区的，要么是西北区域的，尚没有从分省区比较的视角出发探讨西北区域整体在丝绸之路建设中的功能定位、战略实施方面的成果。而这正是丝绸之路经济带建设的应有之义，也是本书试图重点分析的关键问题。

二、西北五省区丝绸之路经济带建设规划的比较

就我国而言，国民经济和社会发展规划是表达战略意图的最主要载体。因此，以西北五省区国民经济和社会发展第十三个五年规划纲要（以下简称"十三五"规划纲要）为分析根据，并结合各地制定的参与"一带一路"建设的实施方案（以下简称《实施方案》）和建设的实践，考察西北五省区丝绸之路经济带建设在战略定位、战略目标、战略路径等方面的共性与差异性，剖析存在的问题，以期对"十三五"的对外开放、对内合作有所裨益。

（一）战略定位和战略目标

战略定位具有重大的导向作用，而战略目标是基于战略定位而设计的关于未来走向的建设远景。从西北五省区"十三五"规划纲要的分析中可以看出，五省区根据各自的地理位置、经济发展水平和历史文化特点，在把握国家丝绸之路经济带战略内涵的基础上，都确定了各自在丝绸之路经济带建设中的战略定位，并依据战略定位提出了相应的战略目标。

在战略定位上，西北五省区都注重突出自身的区域特质、比较优势和在丝绸之路经济带全局中的分工地位。新疆提出的"丝绸之路经

济带核心区"的定位，是西北五省区中唯一在《推动共建丝绸之路经济带和 21 世纪海上丝绸之路的愿景与行动》（以下简称"愿景与行动"）和国家"十三五"规划纲要等文件中得到中央肯定的内容。陕西做出的关于丝绸之路经济带新起点的定位，更多地突出了古丝绸之路的历史传承与新丝绸之路的战略需要相结合的地位。甘肃、宁夏和青海三省区主要突出其在新丝绸之路经济带中的区段分工特征。甘肃的战略定位由最初"丝绸之路经济带黄金段"演变为"丝绸之路经济带甘肃黄金段"，这样更切合国家"一带一路"倡议谋划的实际。宁夏提出了"丝绸之路经济带战略支点"的定位。而青海不像其他省份，没有提出一个明确而响亮的战略定位，但提出了战略目标（见表3-1）。

从战略目标看，各地都突出"中心"或"基地"的功能。有的省份着眼于在西部区域和国家层面发挥特殊作用基础上的对外合作职能，如甘肃和宁夏都强调了对国内和国外目标的统一，其他三个省区则放眼整个丝绸之路经济带的需要确定自己的发展目标，如新疆、陕西和青海就属此类。总体而言，交通枢纽和主要通道、商贸物流基地是西北所有省份需要共同发挥的功能。新疆和陕西在战略目标上也有重叠和交叉之处，如两省都确立了建设科学教育中心和区域金融中心的目标。

表3-1　西北五省区丝绸之路经济带建设的战略定位和战略目标

地区	战略定位	战略目标
新疆	丝绸之路经济带核心区	建成丝绸之路经济带的交通枢纽、商贸物流、文化科教、医疗服务、区域性金融"五大中心"和"十大进出口产业集聚区"
陕西	丝绸之路经济带新起点	积极打造"一带一路"交通商贸物流、国际产能合作、科技教育、国际旅游、区域金融"五大中心"，叫响做实丝绸之路经济带新起点
甘肃	丝绸之路经济带甘肃黄金段	建成向西开放的纵深支撑和重要门户、丝绸之路的综合交通枢纽和黄金通道、经贸物流和产业合作的战略平台、人文交流合作的示范基地

地区	战略定位	战略目标
宁夏	丝绸之路经济带战略支点	建成辐射西部、面向全国、融入全球的内陆开放示范区、中阿合作先行区和丝绸之路经济带战略支点
青海	不明确	建成丝绸之路经济带上重要的战略通道、商贸物流枢纽、产业基地、人文交流基地

数据来源：根据各省区的《"十三五"规划纲要》和《"一带一路"实施方案》整理得到。

（二）战略平台

战略平台是发挥战略定位功能，实现战略目标的载体。通过比较可知，西北五省区都比较重视战略平台的作用，通过努力搭建国内和国际交流合作平台，促使经贸、文化等领域的全方位和深领域的合作。所有省份都注重与丝绸之路经济带相关的论坛和博览会等平台的建设。大部分省份在利用已有国家和省级层面的优势政策基础上，提出了在已有平台上面向丝绸之路经济带的战略谋划，如新疆、陕西、甘肃和宁夏四省区借台唱戏类的平台分别有：中国—亚欧博览会、欧亚经济论坛、丝绸之路（敦煌）国际文化博览会、中阿博览会等。甘肃把涉及本身的重大战略都融入丝绸之路经济带建设中，提出了建设三大平台：构建以兰州新区为重点的向西开放经济战略平台；以丝绸之路（敦煌）国际文化博览会和华夏文明传承创新区为重点的文化交流合作战略平台；以中国兰州投资贸易洽谈会为重点的经济贸易合作战略平台。当然也有"从零做起"的平台谋划，如青海提出要申办论坛和博览会等平台，积极申办丝绸之路经济带绿色发展论坛等（见表3-2）。

表3-2 西北五省区建设丝绸之路经济带的战略平台

地区	战略平台
新疆	（1）加强对外开放平台建设。积极打造新亚欧大陆桥经济走廊、中国—中亚经济走廊、中巴经济走廊、中蒙俄经济走廊。加强喀什、霍尔果斯经济开发区基础设施建设。加快推进乌鲁木齐综合保税区、阿拉山口综合保税区、喀什综合保税区、霍尔果斯综合保税区、奎屯综合保税物流中心、中哈霍尔果斯国际边境合作中心建设，积极申报设立吉木乃口岸、塔克什肯口岸、伊尔克什坦口岸、塔城、奎屯、石河子、库尔勒、哈密等综合保税区 （2）自贸区、口岸和国际合作平台。加快推进设立自由贸易试验区前期工作，适时建立面向中亚的中国（新疆）自由贸易试验区。推进红其拉甫、伊尔克什坦等重点口岸建设，加快伊宁、阿拉山口等边境城市建设。加强塔城、博乐、吉木乃等边境经济合作区建设，在此基础上力争创建中哈国际合作示范区 （3）电子口岸信息平台。优化口岸布局，积极推进别迭里口岸、吉克普林口岸等新的陆路口岸开通工作 （4）博览会平台。加快新疆国际会展中心二期建设，办好中国—亚欧博览会、亚欧商品贸易博览会、新疆喀什·中亚南亚商品交流会等展会，进一步提升新疆会展业国际化、专业化、市场化、品牌化水平
陕西	（1）经济文化论坛和博览会平台。全力办好国际"一带一路"高峰论坛。继续办好欧亚经济论坛、丝绸之路国际博览会暨中国东西部合作与投资贸易洽谈会、中国杨凌农业高科技成果博览会、丝绸之路国际艺术节、丝绸之路国际电影节、中国西安丝绸之路国际旅游博览会等，搭建与沿线国家在能源、旅游、文化、经贸等领域的开放合作平台。加快推进国家级欧亚经济论坛综合园区核心区建设。努力扩大丝绸之路经济带沿线城市圆桌会议规模 （2）领事和办事机构平台。加快西安领事馆区建设。争取沿线国家在西安设立商务代表处，创建国际采购商服务中心。争取上合组织成员国及"一带一路"沿线重要节点城市设立办事机构 （3）多领域和全方位合作平台。统筹推进文化旅游、能源交易、金融合作、商贸物流、科技创新和友城交往等多领域、全方位合作
甘肃	（1）经济平台。以兰州新区为重点的向西开放经济战略平台 （2）文化交流合作平台。以丝绸之路（敦煌）国际文化博览会和华夏文明传承创新区为重点的文化交流合作战略平台。举办丝绸之路（敦煌）国际文化博览会，加快华夏文明传承创新区和敦煌历史文化名城建设，突出敦煌文化、丝路文化、始祖文化、黄河文化、民族民俗文化人文资源优势，促进文化交流和文化产业发展，打造文化交流合作战略平台 （3）经贸合作平台。以中国兰州投资贸易洽谈会为重点的经济贸易合作战略平台

地区	战略平台
宁夏	（1）中阿博览会平台。承接中阿合作论坛项下的会议和活动，推动阿拉伯国家在宁夏设立领事机构和商务代表处。积极与丝路沿线国家缔结友好城市，创办沿线国家节点城市市长圆桌会议。打造中阿博览会核心板块，推动中阿商品贸易、服务贸易、金融投资、技术合作等向纵深发展 （2）银川综合保税区平台。加快银川综合保税区二期工程建设，加强综合保税区与区内外海关监管场所、产业园区联动，拓展综合保税区功能。发展以通用航空、黄金珠宝、生态纺织、清真食品和穆斯林用品为重点的保税加工，发展以仓储分拨、中转集拼、高端物流为重点的保税物流，发展以跨境电商、医药研发、融资租赁、贸易结算为重点的保税服务。加快建设进境肉类指定口岸和进境水果、种苗指定口岸，建成国内最大的进口清真牛羊肉加工基地和交易中心。争取设立主要面向阿拉伯国家和穆斯林地区的自由贸易园区，打造引领全区外向型经济发展的综合服务平台 （3）外向型产业园区平台。探索委托战略投资者和跨国公司成片开发等多元化开发机制，通过直管、托管、代管和共建等模式，开发建设中阿产业园等国别和区域合作园区；加快国家级和自治区级高新区、开发区转型升级，推动宁东能源化工基地、银川综合保税区、银川空港物流园、纺织产业园区深度融合发展，争取设立国家级新区；改造提升市、县工业园区、物流园区、慈善产业园区的承载功能，积极承接产业转移，发展外向型经济
青海	（1）利用相关国内外论坛、展览展会等平台。积极参与重要区域次区域组织开展的各类活动，利用相关国内外论坛、展览展会等平台，推动与重点国家和地区建立更加紧密的联系 （2）经贸文体平台。提高青洽会、环湖赛、藏毯展、清食展等重要经贸文体活动水平和规模，扩大国际影响力 （3）贸易匹配平台。运用电子商务等信息化手段，构建专业、高端、高效的贸易匹配平台，打造"永不落幕"的国际展会 （4）申办论坛和博览会等平台。积极申办国家级丝绸之路经济带绿色发展论坛及绿色产业博览会。推动"一带一路"国际高峰论坛、国家政府间旅游部长会议等活动落户青海

数据来源：同表 3-1。

（三）区域内空间布局与合作

空间布局是建设丝绸之路经济带的地理依托，而区域合作与对外合作是丝绸经济带建设中并行不悖并相互促进的两大支撑。在空间布局上，西北五省区以节点城市、城市群建设和交通设施等的互联互通为重点，通过扩大节点城市的集聚效应和扩散效应，带动全省区的经济增长。如青海注重节点城市的作用，提出打造西宁、海东和格尔木三个对外开放节点城市；新疆重视重要交通支撑的节点建设，提出加快建设哈密、吐鲁番等重要交通支撑的节点，形成"一中心多节点"的交通枢纽结构；陕西重视城市群和经济带的协同作用，提出依托关中平原城市群，加强与成渝等城市群的合作，共建黄河秦晋豫协同发展区等经济带。

在区域合作上，西北地区呈现四种类型，且互有交叉。一是突出与"一带一路"沿线省区的合作，如陕西和甘肃。二是在突出地处西部这一大区域基础上的合作，如宁夏提出强化西部省区间参与"一带一路"建设的政策协调，共同打造向西、向南开放的经贸共同体。三是延续已有合作并向丝绸之路经济带拓展，如陕西提出加强与丝绸之路经济带沿线省区互惠合作，积极开展与福建省的交流合作，巩固提升陕苏、陕津合作水平；青海提出强化西部省区间参与"一带一路"建设的政策协调，加强与对口援青省市的产业合作。四是着眼于更大范围的合作，如陕西提出加强与成渝、长江中游等城市群的合作，共建呼包银榆能源经济区和汉江生态经济带；宁夏提出加强与京津冀、长三角、珠三角及中部地区的合作等（见表3－3）。

表3－3　西北五省区建设丝绸之路经济带的区域内空间布局与合作

地区	区域内空间布局及国内合作
新疆	加快建设哈密、吐鲁番、库尔勒、阿克苏、喀什、奎屯、霍尔果斯、精河、阿拉山口、准东、克拉玛依、阿勒泰、塔城等重要交通支撑的节点，形成"一中心多节点"的交通枢纽结构。丰富完善新疆股权交易中心服务功能，使之成为服务西部、面向中亚的资本服务平台
陕西	依托关中平原城市群，加强与成渝、长江中游、中原、太原等城市群的合作，共建以西安、郑州、太原为支撑的黄河秦晋豫协同发展区、呼包银榆能源经济区、汉江生态经济带。加强与丝绸之路经济带沿线省区互惠合作，积极开展与福建省的交流合作，巩固提升陕苏、陕津合作水平，促进西藏阿里地区经济社会发展

地区	区域内空间布局及国内合作
甘肃	推进大兰州经济区与西宁共建兰西经济区，加强与宁夏沿黄经济区经济合作与交流；进一步深化河西走廊经济区与乌昌经济区合作，推动酒嘉、金武、张掖与哈密、蒙西共建资源型经济合作区；支持陇东南经济区加强与关天经济区、成渝经济区以及长江经济带的合作，以交通、旅游、扶贫、生态为重点加强革命老区间的区域合作。支持兰州新区、国家级开发区及省内大型企业加强与"一带一路"沿线省区的合作，落实省区战略合作协议，推进建立产业和经贸合作新机制，共建外贸出口生产加工基地，联合"走西口"
宁夏	加强与京津冀、长三角、珠三角及中部地区的合作，建设银川、石嘴山承接产业转移基地；完善宁蒙陕甘毗邻地区协同发展机制，推动基础设施共建、产业发展联动、生态环境共治、公共服务共享、片区扶贫协作，合力推进南水北调西线工程，打造西部大开发新高地
青海	打造西宁、海东和格尔木三个对外开放节点城市。进一步强化西部省区间参与"一带一路"建设的政策协调，建立沟通协商机制，共同打造向西、向南开放的经贸共同体。加强与对口援青省市的产业合作。加强与援青省市及央企的产业对接和项目合作，鼓励和引导支援省市企业及援青中央企业来青对接合作项目，向我省及受援地区转移部分产业，促进我省特色优势产业发展和产业结构转型升级。制定针对援青产业园区和产业项目的优惠支持政策，资源配置方面给予援青企业更多的倾斜。发挥央企的独特优势，帮助受援地区长期扶持发展特色产业，增强受援地区自我发展能力

数据来源：同表 3 - 1。

（四）对外合作的重点区域和主要领域

对外经济合作与交流是"一带一路"的生命线，也是"一带一路"建设的重点任务。总体而言，西北五省区都把加大对外开放、提高对外合作水平作为建设丝绸之路经济带的战略重点，并结合各自的省情区况，提出了对外合作的目标区域和重点领域。在西北五省区的"十三五"规划纲要中，都是以开放发展的新理念为基调来谋划对外合作的。

西北五省区对外合作的重点区域更多的是考虑了地理的邻近性和已有的外贸合作基础，而对外合作的领域更多的是突出了本省区在西北乃至全国格局下开展对外合作的比较优势原则。在对外合作的区域和领域上，西北五省区也有相同、相近或相互交错的情况，如都把农业作为重点合作领域，都把中亚作为对外合作的重点区域。

新疆更加重视发挥沿边开放的优势，鼓励与相关国家地方政府间的经贸合作，提出进一步巩固与吉尔吉斯斯坦等国家的政府间经贸合作关系，鼓励推动沿边地州与相邻国家州区开展多种形式的次区域经济合作。在对外合作领域上，新疆提出积极推动国际产能和装备制造合作，鼓励新疆企业在能源、纺织、先进制造、高新技术、服务业等领域开展境外投资等合作。

陕西的对外开放视野更宽，着眼于在丝绸之路经济带沿线国家基础上的全球化布局，提出鼓励和支持企业走出去从事跨国经营、战略并购，在全球范围内布局产业链和供应链；加强与沿线国家在信息服务业、服务外包、文化旅游、影视传媒等领域合作，推动相关产业转型升级。

甘肃强调与中西亚国家的对接合作，并把扩大面向伊斯兰地区特色农产品和绿色清真产品出口作为特色，提出加强与中西亚国家在资源开发、装备制造、新能源、特色农产品加工等方面的对接合作等。

宁夏把与阿拉伯国家和穆斯林地区在清真食品及穆斯林用品等领域合作作为重点，提出重点推进与阿拉伯国家和穆斯林地区在能源化工、新能源、农业、人文等领域合作。

青海从东南西北四个方位确定了开放发展的战略，其中与"丝绸之路经济带"密切相关的主要是向西开放，提出着力扩大向西开放，重点与中亚、中东及东欧国家开展能源、高端装备制造、伊斯兰金融、清真产业及农业综合开发等领域的合作（见表3－4）。

表 3 - 4　西北五省区建设丝绸之路经济带的对外合作重点区域和主要领域

地区	对外合作重点区域和主要领域
新疆	（1）面向中亚、西亚、南亚及欧洲市场，加快推进对外贸易结构转型升级。巩固边境贸易份额，大力发展一般贸易、加工贸易等多种贸易方式，扩大地方产品、战略性新兴产业产品在出口贸易中的比重 （2）进一步巩固已建立的新疆与吉尔吉斯斯坦、塔吉克斯坦、亚美尼亚、阿塞拜疆等国家的政府间经贸合作关系，重点推进建立与格鲁吉亚、乌兹别克斯坦、俄罗斯新西伯利亚州、哈萨克斯坦东哈州等地方政府间经贸合作项目，推进贸易投资便利化。鼓励推动沿边地州与相邻国家州区开展多种形式的次区域经济合作，重点支持中俄蒙阿尔泰"四国六方"区域合作，加强与俄罗斯车里雅宾斯克州的经贸关系 （3）积极推动国际产能和装备制造合作。鼓励新疆企业在能源、纺织、先进制造、高新技术、服务业等领域开展境外投资，参与境外特别是周边国家的基础设施建设、资源开发和工程承包等项目，深化与周边国家在钢铁、水泥、装备制造等领域的优势产能合作，建设好境外经贸合作园区，带动商品、劳务、技术和装备出口。建设外向型农产品种植、加工基地、农业装备制造基地；鼓励农产品加工企业走出去，在中亚地区开展农业生产示范、农副产品精深加工等综合开发项目，选择有条件的伊犁、塔城、博州、阿克苏、喀什、哈密等地州建设一批现代农业合作示范区
陕西	（1）鼓励和支持延长石油、陕煤、陕西有色、陕西建工等企业走出去跨国经营、战略并购，在海外特别是中亚和非洲布局陕西产业园区，在全球范围内布局产业链和供应链，扩大"海外陕西"份额 （2）发挥铁路和公路领域设计、建筑、配套等技术优势，支持相关企业组成产业联盟，抱团"走出去" （3）加快建设杨凌现代农业国际合作中心，以旱作农业、节水灌溉、良种繁育、设施农业等技术为支撑，积极实施农业"走出去"战略，推进在哈萨克斯坦、吉尔吉斯斯坦等国的合作基地建设 （4）鼓励省内物流企业与沿线国家合作建立物流服务基地，完善服务网络 （5）利用陕西中医药传统优势，加强与沿线国家交流合作，拓展中医药产业 （6）加强与沿线国家在信息服务业、服务外包、文化旅游、影视传媒等领域合作，推动相关产业转型升级

地区	对外合作重点区域和主要领域
甘肃	（1）加强与中西亚国家在资源开发、装备制造、新能源、特色农产品加工等方面的对接合作；扩大服务领域合作，推进信息、技术等基础性服务外包，拓展物流、金融服务外包，构建面向中西亚的人力资源合作和服务贸易基地 （2）加强与沿线国家在敦煌学、丝路文化以及中西亚文化等方面的学术交流与合作，建设中西亚国家研究中心、阿拉伯语文化教育基地 （3）探索设立能源矿产资源自由贸易区，开展能源、矿产资源等进口，推进成套设备、特色农产品、民族用品等出口，发展劳务输出等服务贸易。扩大面向亚非等伊斯兰地区特色农产品和绿色清真产品出口
宁夏	（1）加强与丝绸之路沿线国家的经贸文化往来，重点推进与阿拉伯国家和穆斯林地区在清真食品及穆斯林用品、能源化工、新能源、农业、人文等领域合作 （2）深化与欧美、日韩、东南亚、港澳台等国家和地区务实合作，开拓俄罗斯、印度、南非等新兴国家市场
青海	（1）着力扩大向西开放，重点与中亚、中东及东欧国家开展能源、高端装备制造、伊斯兰金融、清真产业及农业综合开发等领域的合作 （2）积极探索向北开放，加强与相关国家在农牧业、矿产资源等领域的合作 （3）努力拓展向南开放，积极融入中巴、孟中印缅两个经济走廊，着力推进经贸合作和人文交流 （4）深化向东开放，重点促进与日本、韩国及我国港澳台地区在农业、旅游、环保、文化、生物资源开发等方面的合作交流

数据来源：同表 3－1。

三、西北五省区丝绸之路经济带建设规划的评判

（一）规划性质和作用的再认识

丝绸之路经济带的建设战略和方略都明确纳入了西北五省区制定

的"十三五"规划纲要中，各省区也都制定了推进或融入"一带一路"的实施方案。前者属于总体规划，后者则是"一带一路"专项规划的实施方案，这两者共同构成了西北省级层面的中期规划，规划时限都是五年（2016～2020年）。总体规划更多体现了全面性、战略性，而专项规划更多突出了重点性和战术性，两者共同构成的规划体系具有如下重点内容：规划理念、规划目标、建设任务、空间布局和保障措施。在规划编制的发展理念上，地方性的规划都把丝绸之路经济带建设作为"开放发展"的重点内容予以专篇或专章安排，以结合省情区况把国家的"一带一路"倡议加以具体化、区域化，并用以指导各省区的丝绸之路经济带建设。西北各省区制定的丝绸之路经济带建设专项规划和共建丝绸之路经济带实施方案，成为各省区未来建设丝绸之路经济带的重要行动纲领。

（二）丝绸之路经济带规划制定的逻辑和共性

西北五省区制定的丝绸之路经济带的建设战略，所遵循的基本原则主要有三个方面：一是与国家"一带一路"倡议相契合。地方性的建设方略是国家战略的具体落实，因此其必须符合国家的指导思想和战略思路，这就需要每个地方政府跳出自身的局限，树立国家利益的大局观。如丝绸之路经济带核心区就是国家对新疆的定位。二是符合当地总体发展战略的重点方向。毕竟，丝绸之路经济带建设仅仅是总体发展战略的组成部分，因此各个省级地方政府制定的丝路规划要与当地总体发展战略的方向和思路一致。三是符合省情、区情实际。西北五省区的规划，还须综合考察自身所处发展阶段、发展水平、对外合作基础、区位特点、比较优势等具体情况（王佳宁、罗秀潜，2012）。

西北五省区丝绸之路经济带建设规划在突出各自的特点、彼此存在一定差异的同时，也有一些显著的共性：一是制定理念的相同性，都是基于"开放发展"新理念指导下的地方化建设方略；二是建设目标指向的趋同性，西北五省区都把提高对外合作水平、促进对内经济增长作为基本的目标；三是建设内容的协调性，五省区的规划都体现了丝绸之路经济带建设涉及的国内与国外因素、区域内合作与对外合作、建设定位与建设目标等关键要素的协调性要求。

（三）丝绸之路经济带规划存在的不足

总体而言，西北五省区都高度重视丝绸之路经济带建设的规划，将丝绸之路经济带建设视为各自的重大战略机遇，并通过宏大而细致的战略谋划来实现各自的定位和目标。尽管各省区在制定规划前都进行了前期专题研究，正式的"一带一路"专项规划也都附有详细的建设项目表，但通过进一步分析仍然可以发现许多不足之处。主要有：五省区以建设丝绸之路经济带的某些"中心"或"基地"为其战略目标，但缺乏前期深入扎实的科学论证，战略目标之间存在相互冲突的风险。例如所谓的支点、黄金段等提法，究竟是什么内涵，是否失之模糊？支点究竟能"支起"什么，黄金段的黄金性作用在哪里等不太明确。在国家"愿景与行动"中连云港已是事实起点的情境下，陕西的"起点"说实际上已没有多大意义，所以战略定位要严肃、科学、准确，不能模糊。

各个省区都是以自身利益最大化作为规划的出发点，但对跨行政区的合作机制的构建缺乏足够认识，存在各自为政、力量分散的隐忧。试图通过包罗万象的规划来体现省区战略的重要性，却忽视了其战略实质的侧重性。虽然更为重视对外全方位、多领域的合作，但确定合作的目标区域和重点领域的科学依据不足，缺乏基于比较优势和比较利益的充分论证，有可能引起五省区之间的不良竞争。在实施机制上，更多强调的是政府的主导作用，但对企业的市场机制和社会组织的协同机制等方面的功能发挥重视不够。丝绸之路经济带涉及的重大基础设施的建设是投资较大、周期较长的基础工作，各省协调机制还是缺乏科学的系统安排，未来有可能面临恶性竞争、重复建设的风险（丁任重、陈姝兴，2016）。对战略机遇的强调多，但对丝绸之路经济带建设有可能引发的风险的防范意识不高等。因此，"丝绸之路经济带"的实施如何顺应未来全球经济发展的趋势，并契合"一带一路"的变化特征，是西北地区推动开放发展和协调发展面临的重要课题。

四、陕西在丝绸之路经济带建设中的走向

（一）做好顶层设计，谋划创新路径

丝绸之路经济带是国家战略，西北地区要按照整体化的要求来谋划该战略的具体实施路径。因此，西北各省区的规划和实施方式要注重以国家利益、全局利益和长远利益为出发点和归宿，做好既顾全大局又结合省情区情特点的顶层设计。一方面，在对外开放机制创新上，西北地区不能简单地复制沿海地区的经验，应在深化投资贸易便利化改革、完善双向投资布局机制、强化金融创新机制、拓展对外开放新空间、构建多层次的对外开放合作机制等方面进行创新（甄晓英、马继民，2017）。另一方面，在区域内合作机制创新上，把握我国处于动力转换期区域发展出现的区域分化、多极多点、产业转移加速等新特点，创新区域合作协调机制，顺应区域合作向大范围、大空间、跨行政区纵深方向发展的趋势。初期创建具有制度性和约束性协调组织的机制，并增加区域之间自愿组合而成的非制度性的协调组织机制。还要创新区域合作中的分工模式，基于比较优势和比较利益的原则，合理利用各方的资源与环境，形成合理的分工和产业链条，努力克服产

业结构的趋同问题，努力形成区域整体的竞争力（孙久文，2017）。
丝绸之路经济带的生命力在于共建共赢，西北各省区要想实现各自最
大的利益目标，就必须在共建丝绸之路经济带上采取重大举措。各省
区的规划不仅要成功地与国家战略对接，而且要成功地彼此相互对接、
协同，建立区域利益协调机制，构建政府间多层次协作机制，形成跨
省域行政区的产业布局格局。

（二）统筹利益诉求，促进协同发展

在如何建立跨行政区域的协调机制、如何有利于全国整体发展和
各省区差异发展方面创新思路，增强跨省区规划的指导作用，以便统
筹地方政府与中央政府利益、各省区之间的利益以及对内发展和对外
开放、政府主导与企业及社会组织参与等方面的关系。通过产业协同、
区域与城市协同、城市群内经济要素协同（郭爱君、毛锦凰，2016）
等战略路径，实现西北五省区之间的协同发展。各省区都要通过规划
的相互对接、协同，优化城镇、城市群、经济区的空间布局，提升西
北大区域内交通、通信网络的互联互通水平，以西北五省区联手共建
的战略方式获取最大成效，促进经济协调发展（慕慧娟、崔光莲，
2015）。西北地区凭借对阿拉伯国家贸易基础、区域间产业结构与贸易
互补性等因素，联手发展伊斯兰金融与民族特色产业等（张永丽，
2016）。做大做强清真产业需要宁夏和甘肃的能力整合，而文化旅游产
业的延伸和提升则需要甘肃和陕西甚至西北五省区不断扩大合作空间，
创新合作方式。

（三）依据省域差异，突出建设重点

西北各个省区之间也有差异性和各自的利益诉求，既要基于各省
区比较优势和比较利益的原则开展对外的经济技术和文化合作，也要
整合各省市之间的力量，构造西北区域的整体比较优势，依靠各省优

势和西北大区域整体优势这两种优势的结合，推动企业走出去、资源引进来。各省区都要把中心城市建设、产业分工合作、贸易投资便利化等作为丝绸之路经济带战略实施的重点任务（白永秀、王颂吉，2015），才能加快丝绸之路经济带沿线区域的经济一体化进程。节点城市是建设丝绸之路经济带的增长极，因此，西北各城市及城市群应该谋划好在丝绸之路经济带整体建设中的定位，走差异化发展战略，形成优势互补的地域分工发展格局（任海军、张虎平，2016）。

产业选择、内容调整和升级无疑是建设丝绸之路经济带的又一重点，这就要求分类施策：强势型产业需要集中力量扶植并建设重点产业带，挑战型产业需要拓展市场壮大产业规模，平稳型产业需要产业合作打破技术约束、升级产业结构，而弱势型产业可以通过与其他区域相关产业的协同发展进行资源整合推动产业升级或者逐步清退（薛伟贤、顾菁，2016）。

（四）搭建联结平台，进行风险防范

从国家层面讲，在丝绸之路经济带战略的实施中，需要进一步统筹各省区的建设目标，并加大支持力度。通过搭建具体的地区合作、产业协作、重点工程配套等平台，来达到最终战略目标的实现。丝绸之路经济带战略实施中，同步推进产业升级与产业转移，西部地区基于比较优势的原则，在承接我国东部产业转移的同时，也积极推动向外如中亚等国家和地区的产业转移，同步实施"走出去"和"引进来"的战略过程（高丽娜、蒋优心，2017）。

西北各省区在紧抓丝绸之路经济带建设的战略机遇的同时，还需要认真研究和防范一些可能带来的风险。克服丝绸之路经济带西北段节点城市的城市中心职能、经济联系强度、可达性等普遍较低的困难，推进产业协同发展为基础的城市群和城市带发展（郭爱君、毛锦凰，2016）。积极应对西北区域内部各利益主体之间无序和同质竞争其至恶

性竞争带来的风险，各类互联互通及项目建设有可能引发的生态环保挑战，为了短期发展而进行的低水平重复建设的风险，对国外市场和投资环境缺乏了解和体制改革滞后造成的风险等。因此，需要构建风险预防机制，加强对对外合作国家和地区的国情区情研究，密切各省市之间的合作和交流，提高对风险的预测、把控和化解能力。

（五）重视规划评估，建立长效机制

规划具有导向作用，而规划的评估则具有监测规划实施进程、确保规划实施效果以及反馈问题、纠正偏误的价值。因此，要进一步健全丝绸之路经济带建设的规划评估体系，提高规划的评估水平。评估指标要进一步科学化、合理化，保证评估主体的客观性、独立性和公正性，确定不同规划指标背后的责任主体，并合理使用评估结果，使规划的评估真正发挥引导、规范和约束丝绸之路经济带建设活动的作用。

在实施机制上，在突出政府主导作用的基础上，要更加注重发挥市场机制的决定性作用和社会组织的参与功能，推动企业、产业、组织等的国内外、省内外的深度合作，尤其需要重视民营企业公平竞争制度环境的创设。在此过程中，必要的法制保障必不可少，尽力克服人治的干扰，只有建立保障严密的法制体系，才有可能使丝绸之路经济带的建设走向持续发展的道路。

综上，丝绸之路经济带所处区域一直以不同方式占据着世界史上的枢纽地位，新丝路战略和倡议的实施，将使世界的重心再一次回到它千年之前的位置（彼得·弗兰科潘，2016）。作为国家战略实施的重要依托地和战略通道，西北地区应当以整体性的区域经济系统发挥其作用。由于各省区有其自身的利益追求，因此，西北五省区以各具特色的省域战略对接国家总体战略，以便既充分发挥各自的优势，又有利于国家整体战略目标的实现，从而提升区域整体的竞争力。西北

地区唯有搭上丝绸之路经济带建设的快车，才能追赶并缩小与国内其他区域的差距，进而加快开放发展和协调发展的步伐。

本章参考文献

李永全．"一带一路"建设发展报告（2016）［M］．北京：社会科学文献出版社，2016.

孙久文，孙翔宇．培育经济带：重塑当代中国区域发展战略［J］．河北学刊，2017（2）：114－120.

安江林．经济运行发展的基本规律与"一带一路"战略［J］．甘肃社会科学，2017（1）：184－191.

张可云，蔡之兵．全球化4.0、区域协调发展4.0与工业4.0——"一带一路"战略的背景、内在本质与关键动力［J］．郑州大学学报（哲学社会科学版），2015（3）：87－92.

杨开忠．区域协调发展新格局的基本特征［J］．中国国情国力，2016（5）：6－8.

安树伟．"一带一路"对我国区域经济发展的影响及格局重塑［J］．经济问题，2015（4）：1－4.

慕慧娟，崔光莲．共建"丝绸之路经济带"背景下西北五省（区）经济协调发展研究［J］．经济纵横，2015（5）：93－97.

张乃丽，徐海涌．我国西北五省区与中亚五国贸易潜力研究——基于丝绸之路经济带的视角［J］．山东社会科学，2016（4）：119－125.

朱智文，杨洁．共建丝绸之路经济带与西北地区向西开放战略选择［J］．甘肃社会科学，2015（5）：193－197.

王佳宁，罗重谱．西部12省（区、市）经济发展战略定位比较及其评估［J］．改革，2012（6）：5－17.

丁任重，陈姝兴．中国区域经济政策协调的再思考——兼论"一带一路"背景下区域经济发展的政策与手段［J］. 南京大学学报（哲学·人文科学·社会科学），2016，53（1）：26－33.

甄晓英，马继民. "一带一路"战略下西部地区的对外开放与机制创新［J］. 贵州社会科学，2017（1）：130－135.

孙久文. 新时期中国区域发展与区域合作［J］. 开放导报，2017（2）：7－12.

郭爱君，毛锦凰. 丝绸之路经济带与西北城市群协同发展研究［J］. 甘肃社会科学，2016（1）：74－79.

张永丽，王博. 中国西北地区发展伊斯兰金融的前景分析——基于"一带一路"的视角［J］. 上海财经大学学报，2016（3）：36－47.

白永秀，王颂吉. 丝绸之路经济带战略实施：目标、重点任务与支持体系［J］. 兰州大学学报（社会科学版），2015（4）：1－6.

任海军，张虎平. 丝绸之路经济带建设背景下西北五省（区）主要节点城市产业结构空间差异分析［J］. 新疆大学学报（哲学·人文社会科学版），2016（1）：8－15.

薛伟贤，顾菁. 西部高新区产业选择研究——基于一带一路建设背景［J］. 中国软科学，2016（9）：73－87.

高丽娜，蒋伏心. "新比较优势"下的"一带一路"战略研究［J］. 世界经济与政治论坛，2017（2）：56－69.

郭爱君，毛锦凰. 丝绸之路经济带中国西北段核心节点城市经济联系实证研究［J］. 兰州大学学报（社会科学版），2016（1）：92－100.

［英］彼得·弗兰科潘著. 丝绸之路：一部全新的世界史［M］. 邵旭东，孙芳译. 杭州：浙江大学出版社，2016.

第四章　关中、陕南、陕北
三大区域协同发展

区域协调发展体现区域内部的和谐及与区域外部的共生，内外要素高效融合互动是区域协调发展的最佳目标追求。对陕西而言，促进关中、陕北和陕南三大区域协调发展，是补齐陕西经济社会发展短板，加快全面建成小康社会的重大战略任务。

一、三大区域总体思路

（一）区域协调发展的关系

伴随社会生产分工水平的提高和科技的进步，区域内或区际间的市场依存度和空间紧密性不断提升，区域一体化趋势日趋明显，成为推动经济增长的重要因素。区域经济一体化的实践证明，协调的经济关系能否在区域内及区际间建立起来，区域的优势互补和分工合作能否最终实现，将直接影响到该区域整体经济和社会发展水平的提高（吴净，2013）。因此，竞争已不再是某一区域经济发展、繁荣的唯一途径，一个区域经济体的增长不能仅依赖于自身的资源基础，也要依托于其他区域单元的增长轨迹，取而代之的"区域共生"关系将成为区域经济发展的核心之所在。

陕西发展的关中、陕北和陕南三大区域地理环境各异、资源禀赋互补性强、经济文化不同，因此三大区域发展有很强的互补性。因此，陕西区域发展可以构建个"一体两翼"的"大鹏鸟"发展战略。陕西在我国区域战略发展中具有重要地位，近年来已有 17 个国家级战略规划涉及陕西，陕西要用足用好用活这些政策"红利"，实现西北地区发展排头兵，一带一路战略新起点，就必须统筹协调三大区域各类要素资源，像"大鹏鸟"一样展翅高飞，成为我国发展战略的重要一极。

"一体两翼"具体来讲，关中为主体，陕南陕北为两翼；关中必须作为"主体"是因为，关中地区集中了全省 63% 的人口、90% 以上的科技资源，工业占到全省的 56%、投资占到 65%、消费占到 79%，在陕西省发展大局中占有举足轻重的地位。"十二五"期间，关中 GDP 年均增长 11.7%，高于全省 0.6 个百分点，发挥了带动作用，对全省贡献率达到 66.8%。陕北和陕南"两翼"各具特色，陕北能源化工基地是全省经济重要的增长极，以新发展理念为引领，以能源供给侧结构性改革为主线，坚持"三个转化"战略不动摇，全力加快转型持续发展步伐，陕北地区生产总值占到全省的 20%。

陕南地区依托绿色资源禀赋，围绕产业链部署创新链，在循环工业、循环农业及品牌建设等方面依靠循环经济走出一条独特的快速发展之路，"十二五"期间，陕南经济增速高于全省两个百分点以上。主体强才能带动两翼高飞，翅膀硬才能使主体飞得远，主体和两翼相辅相成，密切配合，才能使陕西这只"大鹏鸟"在追赶超越的征途中占据优势地位，为实现中国国家战略的"中国梦"做出贡献。

落实"一体两翼"的"大鹏鸟"发展战略，必须打破行政区划的局限，为要素交流建立畅通的渠道，通过资源、信息、资金、技术、人才等的流动，促进各地特色资源的互补和渗透，提高要素使用效率。坚持以品牌引领产业集群，以优势企业带动产业集群，以大项目凝聚产业集群，造就一批具有国际竞争力的跨区域产业集群。发挥产业集群连接上下游产业协作配套的功能，延长产业链，密切不同区域的经济联系（胡金荣，2015），形成关中、陕北、陕南相互促进、共同发展的格局。

（二）陕西三大区域发展战略

落实"一体两翼"的"大鹏鸟"发展战略，必须进一步根据主体功能区定位，坚持创新驱动、布局优化、协同推进，要从关中向陕北、陕南辐射，转变为三地依据各自特色各展优势、协调发展，大力实施关中协调创新发展、陕北能源转型发展、陕南循环绿色发展三大战略，努力打造全国协调发展新典范。

（1）关中协同创新发展。创新发展就是进一步推进技术创新、产业发展方式创新、企业管理创新、消费模式创新、城市发展模式创新、社会发展模式创新和万众创新，实现全面创新。协同发展就是实现产业优化布局、交通互联互通、设施共享、环境共治、相互支撑的发展格局。

（2）陕北能源转型发展。转型升级发展就是推进优势资源多元转化和深度转化，拉伸延长产业链条，加速传统能源产业高端化、精细化、清洁化。大力培育发展新能源、装备制造、高效设施农业等新兴产业增长点，加速产业转型升级；坚持生态保护和修复、资源高效综合利用，为能源化工基地建设提供广阔的承载空间。

（3）陕南循环绿色发展。循环绿色发展就是坚持循环发展、生态宜居战略定位，走绿色循环、内涵集约发展之路。以循环经济集聚区为载体，深入开发山水林田特色资源，大力发展新型循环产业，实现经济又好又快发展；把基础设施建设放在重要位置。加快高速铁路、高速公路、机场建设，争取多纳入国家规划，通过国家布局的基础设施建设，提升陕南经济与外界联通的水平。加强生态保护，统筹推进南水北调水源区、主体功能区、生态文明示范区建设，实现青山绿水常在，生态更优更美，努力实现人与自然、经济与社会的高度和谐。

二、关中地区协调创新发展

关中地区是陕西省工业发展的重要基地，在区位条件、科教资源、产业基础等方面优势明显、实力雄厚。目前，关中地区工业总产值约占全省的70%左右，积极顺应新一轮科技革命和工业革命大势，抢抓机遇、加强谋划，协同创新，扎实做好工业发展各项工作，全力打造创新发展、转型升级新优势。具体讲，做到"五个协同创新"。

（一）突出需求引领，在产业转型升级上"协同创新"

关中各市特色产业的创新能力不仅在全省，有的甚至在全国都有着重要地位，充分发挥关中协同创新巨大的推动作用，对全省产业转型升级形成引领。聚焦关中地区特色明显、优势突出的重点产业，打造了政产学研合作的协同创新服务平台，促进产业、科技、金融、人才深度融合，实现重点产业链与技术创新链双向融合，带动传统产业转型升级和高端发展（东莞市横沥镇模具产业协同中心，2016），推动产业发展水平整体提升，尽快形成一批在全国具有较强竞争力、在地方具有示范支撑引领作用的高新技术产业品牌，全面提升陕西省重点产业整体技术水平与市场竞争力。

进一步找准关中各市的产业定位，设定目标，整合资源，联动提升。发挥西安在关中协同创新中的核心地位作用，重点在汽车、电子信息、高端装备制造、航空航天、医药、食品加工制造、新材料与新能源等领域创新突破，为在全省率先建成小康社会提供产业支撑。

充分发挥咸阳区位、交通优势，重点发展物流、电子信息、纺织、生物医药、装备制造、能源化工等，同时做好与西咸新区的产业合作与交流，大力支持西咸新区建设全国"双创"示范基地。以把宝鸡打造成为关中城市群的副中心城市为契机，重点在高端装备制造、金属冶炼及加工、能源化工、烟酒食品、新型建材、文化旅游等领域做大做强。

发挥渭南作为陕西向东开放的战略门户作用，着力打造现代煤化工、通用航空、冶金建材、文化旅游、现代农业、3D打印等产业聚集区。

铜川重点在煤炭、建材、铝业、电力、医药、陶瓷等产业，实现传统产业改造提升和接续替代产业的培育壮大。

发挥杨凌作为全国农业高新技术产业示范区的独特优势，以支撑和引领我国干旱半干旱地区现代农业创新发展为目标，为现代农业和精准扶贫提供支撑。

韩城作为我国历史文化名城和西部地区重要的煤化工生产基地，重点在钢铁、焦化、水泥、文化旅游、现代农业等领域创新突破发展。

关中历史遗存、自然景观、民俗文化众多，文化旅游业协同发展空间很大，高水平建设秦始皇陵、法门寺、华山、太白山等景区，支持宝鸡创建全域旅游示范市，建设一批国家级、省级物流示范园区，加快推进西安高新区、浐灞金融商务区、西咸新区能源金融贸易中心等金融聚集区建设，促进现代服务业提质增效。

（二）突出园区承载，在产业聚集上"协同创新"

截至2015年底，关中地区获批的工业园区已达120个，占到全省园区数量的55.3%；实现工业总产值1.08万亿元，占到全省园区经济的77.4%。工业园区的加速发展为关中地区大招商、大投资搭建了广阔平台，为大开放、大发展打造了有力引擎。希望关中各市（区）充分依托园区聚集项目、孵化产业的功能，按照全省工业发展总体思路和规划要求，坚持"互补、错位、联动"的发展理念，相互联手、加强协作，努力推动产业发展向中高端迈进。

一是统筹规划。目前，关中各市（区）都有自己的工业园区规划，但整体上融合性、协同性不是很强，甚至还存在同类同质竞争的现象。对此，应着力提升园区承载力，强化规划引领，加强统筹谋划，把提升自主创新能力和加快区域产业优化升级作为出发点，全面分析关中各市（区）工业园区的资源优势和配套能力，加快编制区域性工业园区发展规划，进一步明确关中各市（区）工业园区建设的思路目标和战略重点（邹华、许千，2016）。

二是壮大特色主业。立足资源禀赋和发展基础，按照规划要求，坚持有所为有所不为，围绕突出主业，凸显特色，进一步加大招商引资力度，加快重大项目建设，共同培育区域品牌、开拓国内外市场，形成既有利于错位发展又有利于协调推进的产业发展格局。

三是加强协作配套。按照《"中国制造2025"陕西实施意见》产业布局规划，围绕产业链上下游环节合理分工、相互补缺，加快组建产业发展联盟。省级相关部门应尽快建立关中地区工业协作配套发展例会制度，定期研究关中各市（区）产业协作配套发展中的项目建设、政策落实等问题，推动关中地区工业协作配套发展迈上新台阶。

四是突出重点园区发展。加快西安高新区全面创新改革试验区、自主创新示范区、自由贸易试验区三个"国字号"战略任务，科技、人才、金融等要素在高新区深度聚合，大力发展战略性新兴产业和现代服务业，创建绿色、智能、现代、开放、人文的世界一流产业聚集区，全球创新网络的重要枢纽（李群刚、马东芳、李玮玮，2017）。

把杨凌农业高新技术开发区打造成为中国"农科创新城",把宝鸡、咸阳、渭南等国家级高新区打造成为主导产业突出、功能设施完善、分工协作配套的现代产业基地。

坚持推动高新区联动发展。发挥关中 5 个国家高新区、6 个省级高新区作用,鼓励西安自创区托管其他高新区的部分区域,支持其他高新区在自创区设立"飞地"科技园区、向自创区反向派驻"科技特派员"。加强西安自创区与关中其他高新区的互动协作,形成西安带关中,关中辐射陕南陕北的发展格局。

(三) 突出"三大融合",在创新资源整合上"协同创新"

统筹军民、央地和省部等科技体系,在更大更广更深层次配置创新资源,完善协同创新机制,既是国家战略要求,也是陕西追赶超越现实需要。关中地区协同创新必须从全省创新驱动发展战略站位,着力推动央地、部省和军民三大融合,尽快形成独有的关中创新优势。在共享经济快速发展的时代,使用权与拥有权同样重要,甚至更重要,关中地区创新资源,包括中央、部属、军工单位在陕的人才、设备、技术等重要资源,只有充分融合才能最大限度发挥我省创新潜力,为经济社会发展提供动力。深入分析关中地区创新资源、产业生态及匹配情况。

陕西应重点把央地、部省、军民融合三类资源摸清,加快科技资源大数据库建设。充分发挥我省科技资源统筹中心承载、示范、展示、服务等重要作用,加快市县统筹分中心建设,推动省中心与分中心联动发展,吸引央、部、军创新资源与地方融合,为地方创新发展提供支撑。加快"三个融合"的体制机制创新。对现有的军工科技成果进行全面摸底,开展国防专利降密解密和权益归属试点。支持兵器工业集团等单位建立军民融合产业基地,打造军民融合综合服务平台。支持组建军民联合产业技术战略联盟,推动一批军民两用重大科技成果服务于陕西省的战略性新兴产业。支持关中各市建设军民融合产业基地和服务平台。实施研发平台提升工程，探索建立跨学科、跨单位、跨省、跨国的"四跨"研发平台、开放式重点实验室。对军用标准进行改革，借鉴民用标准中的可取之处，尽量向国家标准与行业标准靠拢，消除军民间的技术壁垒，将国家标准逐步转变为军民通用标准（杨志坚，2013）。围绕产业协同部署创新，整合我省航空航天、智能制造、信息感知、旱区农业等优势领域资源，组建创新大平台，积极培育国家实验室。统筹16家航空航天单位资源，加快组建空天动力研究院。

（四）突出"双创"引擎，在激发市场活力上"协同创新"

全方位打造创新生态群落，完善创新创业服务体系。支持建设一批专业化众创空间，重点建设西咸新区全国"双创"示范基地。加快在关中地区院所、企业、高校推广"一院一所"模式。支持众创、众包、众扶、众筹等多种形式的创新活动，不断释放新需求，创造新供给。促进科技与金融紧密结合，完善市场化创新投融资机制，发挥天使基金、种子基金作用，引导更多资本进入关中创新领域。

进一步完善减免规费、融资担保、离岗创业等针对性强的"双创"政策体系，把线上与线下、企业与科研院所的创新活动有机融合起来。促进在线创意、研发成果及时申请知识产权保护，切实维护创新创业者权益。协同推进科技成果转移转化。以建设国家技术转移西北中心为契机，有效整合关中各市（区）创新资源，支持关中各市（区）打造专业化的成果转移转化机构、平台和人才队伍，完善成果转化的市场体系和服务体系，加快打造一批科技成果的产业化基地、高科技企业孵化基地和优势产业聚集地。

落实好陕西省建立市场导向科技成果定价机制、提高科技人员职务科技成果转化收益比例、科技成果产学研协同转化、军工科技成果转移转化、"专利池"推动成果共享转化等九条新规定，尤其是鼓励同等条件下科技成果省内转化优先、省内采购优先，推动更多科研成果在陕转移转化为现实生产力。组织认定一批具有较强专业化服务能力的新型创新创业服务机构，加强"创业苗圃—孵化器—加速器"创业孵化载体链条建设，办好"全国大众创业万众创新活动周"、"创响中国"等双创重大活动，营造良好创新创业氛围（方玮峰，2016）。

（五）强化基础设施互联互通，构筑经济圈上"协同创新"

"一小时经济圈"是以主城为核心，在交通一小时可通达的范围内，形成一个具有明显聚集效应、具备竞争优势的地区。"一小时经济圈"战略实质在于构建协调、互补、共赢、多赢的经济形态，形成圈内产业资源共享、结构合理、产业共兴、竞合有序、共同发展的格局。当前"长三角"有"上海一小时经济圈"，"珠三角"有"广—深—港一小时经济圈"，"环渤海"有"京津冀一小时经济圈"，"成渝"有"重庆一小时经济圈"。打造"关中一小时经济圈"，是充分发挥大关中经济区承东启西优势，加速大关中经济区城市深度融合，实现错位发展的重大举措。

统筹推进交通、信息、电网等基础设施建设，不断提升支撑协同发展的能力。以构建现代化交通网络体系为目标，系统规划建设公路、铁路、航空、轨道交通等设施，促进各种交通方式融合发展。加快建设"米字型"高铁网，尽快建成西安至成都、兰州、银川高铁，启动西安至包头、武汉、重庆高铁以及延安经绥德至太原高铁，进一步畅通关中对外通道。

加大关中市区之间的交通衔接，加快推进大西安轨道交通、关中高速路网加密、关中城际铁路等工程建设，实现交通网络的无缝衔接与快速换乘，构建以西安咸阳国际机场、西安北客站和西安国际港务区为核心联动互补的综合交通枢纽。依托西安国家级互联网骨干直联点，持续推进中国联通、中国电信、中国移动、陕西广电等互联网数据中心，和国家部委云计算基地及西咸新区大数据产业园建设，着力提升关中信息化水平。

建设关中坚强智能电网体系，扩建 750 千伏宝鸡—西安南—渭南第二回线路，建成西安北 750 千伏输变电工程，增强关中供电能力。依托关中城际铁路网、高速公路网、航空港建设，推进各种运输方式无缝对接，构建以西安为中心快速交通圈，建设一小时经济圈。

推进关中城市群抱团发展，突出内部协调合作，重点在规划、交通、产业、市场、公共服务、环保等诸多方面逐步做到"无缝对接"。科学规划、统筹推进关中城镇连绵带建设，走以人为核心、提升质量为关键的新型城镇化道路，在更高层次上建设关中城市群。切实加强区域生态环境共防、共治、共保、共建。扎实落实国务院颁布的《大气污染防治行动计划》，完善关中大气污染联防联控机制，共同促进区域可持续发展，加快建设美丽大关中。

三、加快陕北能源转型发展

经济全球化、新型工业化、能源产业全球化、能源市场国际化、能源主体技术西方化，决定了陕北能源化工产业持续发展的根本在于推进能源化工产业向高端化演进，打造国家高端能化基地，提高产业发展的国际竞争力。

（一）优化陕北能源化工产业结构

"十三五"期间，优化陕北能源化工产业结构的关键在于：优化能源生产、优化能源转化和利用结构，推动能源生产和供应体系变革和促进煤炭高效清洁化利用。

一是大幅度优化能源供应结构。提高非化石能源比重，降低煤炭在能源生产和能源消费中的比例，初步形成煤、油、气、核、可再生能源五足鼎立多元化的能源生产结构和能源供应结构。

二是优化能源使用结构。统筹考虑能源和化工两个领域，促进煤炭高效清洁利用，适度发展煤制烯烃、煤制油、煤制气等煤化工项目。从煤化工的资源利用效率、环境成本和未来的碳排放成本等诸多影响因素综合考虑，不论是传统煤化工还是现代煤化工可能都不是未来陕西省能源化工产业发展的重点领域或重点方向。但是，从能源安全和技术储备等方面考虑，"十三五"期间，陕北应将以煤制油、煤制烯烃和煤制芳烃等为代表的现代煤化工产业定位为保障能源安全和保证技术领先的战略性储备技术，以保持此类技术的规模化、商业化能力为前提。如果将现代煤化工项目作为一般的商业性项目全面铺开建设，面临的巨大风险不可预料。

三是优化能源转化结构。明确"大电大网"与分布式电力系统并重发展的思路，一方面积极建设高效、安全的大型煤电、核电、水电基地，进一步提高发电效率；另一方面，建设结构清晰、功能明确、匹配合理的智能电网，发展高压、特高压输电，加强配电网建设，形成安全可靠、经济高效、绿色智能的电网系统。

（二）依靠科技进一步延伸产业链条

产业水平高端是高端能源化工的主要体现，达成这一目标的基本路径还是多年来我们反复强调，被实践证明完全正确的"三个转化"（赵雪莲、杨琰华，2006）。一定要加大技术进步和创新，注意技术交叉融合带来的新突破，着力在三个方面向一流迈进。

一是加快壮大化工产业。在产业链条延伸和保持领先上狠下功夫，重点抓好煤制烯烃、煤制芳烃、煤制乙二醇、煤基精细化工、煤制油等项目建设，加快构建从基本化工原料到终端产品的全产业链，向产业分工的更高层次迈进。

二是加大电源建设和电力外送力度。据统计，陕西发电量只有全国的 2.8%，外送电量仅占全国各省外送量的 0.7%，相对于陕西省作为能源大省的地位来讲有些少，应全面加强这方面的工作。当前，围绕国家推进陕北至河北、山东、江西"两交一直"特高压输电通道建设和落实省委关于推进火电北移的决定，按照煤电一体化的要求，积极谋划、着力抓好一批火电项目。

三是大力发展载能工业。通过建立电价、天然气价格新机制等措施，努力形成全国重要的载能工业发展洼地，引进和建设一批新项目。

（三）强化企业创新主体地位

十余年来，陕北能源化工产业建设和发展的主体，是中央能源企业和省内外大型国有能源企业。而现有的国有企业高管人事制度和对企业的考核，使国有和国有控股企业高管对创造近期业绩有迫切追求，创新动力不强。另外，多数陕西能源化工领域的国有企业目前实际上还存在较多的行政性垄断和政府保护，如石油、石化、煤炭、电力等。由于政府给予过多的"政策机会"和资源性生产要素价格扭曲，企业缺乏竞争的压力和激励，由此导致企业创新的动力缺乏和不足。

"十三五"期间，陕北能源化工产业发展，应充分利用陕西省智力型人力资源优势和中国能源市场巨大、需求旺盛以及已经建立的产业化基础，加大研发投入，提高自主创新能力，着力突破制约产业发展的关键技术，加快由技术跟踪模仿，转向技术自立，并勇于向产业前沿进军，实质性地提高陕西能源化工产业的国际竞争力。

政府的主要任务是创造有利于创新的体制环境，包括：一是调整陕西能源化工产业的速度导向和规模导向的政策性偏向。二是从根本上改变机会导向的发展环境，使企业真正成为市场公平竞争环境下的

"斗牛士"。三是从根本上进行严格的环境监管和市场监管，创造企业公平竞争的发展环境。四是创造有利于聚集创新资源的区域经济环境，也是陕西省能源化工产业实现真正意义上的转型和升级的关键条件（郭萍萍，2016）。

（四）构建多点支撑的发展格局

老工业城市的普遍特征是经济发展严重依靠一两个主导产业，结构单一，易受"锁定效应"影响，产生路径依赖，产业转型升级的难度极大（姜四清、王任飞、赵文广，2013）。在资源总量一定的情况下，尽可能地把能利用的资源都开采出来，是建设高端能化基地的基本要求。目前，陕西省的石油采收率和煤炭的回采率还有提升空间，必须在确保全国第一油气大省地位和煤炭产能稳步提升的同时，积极向国内外先进企业看齐，通过引进先进技术和推动技术创新，力争在集约节约开采上进入全国先进行列。

必须进一步加大推进力度，使基地建设从起步阶段就能形成多种产业协同发展、互补发展格局，从而避免一些资源枯竭城市今天所面临的困境。一是围绕能源开采运输和深度转化等，加快壮大以物流为主的生产性服务业。二是利用产业衍生机遇，加快推动石油钻机、电牵引采煤机等重大装备产业发展。三是大力培育和发展旅游、金融、文化、现代农业等非能源产业。四是充分发挥陕北风力、光照等资源优势，积极发展新的能源产业。

（五）走出一条经济和生态共赢的路子

生态文明体系以尊重和维护生态环境为出发点，以可持续发展为依托，既注重经济发展，也强调生态保护，是建立在工业文明基础之上的社会发展的更高层次和要求，更是促进陕西省经济良性发展和建设美丽陕西的重要举措。能源化工产业是陕北地区经济发展支柱，在短短十年内其发展规模和产值都得到了大规模提升，经济高速发展使得环境问题在短时间内集中出现，水资源枯竭，土壤污染及近年来反复出现的雾霾、极端天气等环境恶化事件，使得陕西省生态环境保护和环境污染治理问题表现出相当程度的紧迫性和严峻性。为此，应做到：一是科学规划。合理设定开发规模和强度，健全能源消耗、水资源消耗和建设用地标准体系。二是绿色生产。大力发展循环经济和清洁生产，构建企业、产业和园区多个层次的循环经济体系。三是强化治理。加大采煤沉陷区治理、防沙治沙和退耕还林工作力度，所有项目都做到"开发一块，绿化一片"。四是完善制度。建立生态保护基金，积极探索建立资源有偿使用制度和生态补偿制度，健全污染物排放许可和总量控制等制度，构建"以经济改善环境，以环境带动经济"良性循环发展模式，率先构建起系统完整的生态文明制度体系（李天祥，2014）。

（六）加快培育参与和引领国际能源化工产业合作

在经济全球化愈演愈烈的今天，提高对外开放程度，加强国际合作、外资引进和提高对外贸易程度，同时注重对由此而产生的示范效应、竞争效应、产业辐射效应和人员流动效应的正确导向和利用，已经成为发展中国家借助"技术溢出效应"获得先进技术和管理的重要渠道，更是发展中国家缩小差距，发挥后发优势的主要途径。陕北能源化工产业经过十余年的快速发展，初步建成了具有较强产业集群潜力的陕北能源化工基地，且初具规模，但在整体的技术配套和经营管理方面与国际先进的能源化工企业差距仍然较大。加强陕北能源企业与国际优秀能源化工企业的交流和合作深度，积极引进外资，着力提高利用外资的质量和水平，更好地把引进外资同优化我省能源化工产业结构、提升企业生产技术水平和培养企业创新精神结合起来，从而促进陕北能源化工产业的多元化协调发展。在企业对外交流与合作过程中，重点以提高自主创新能力为出发点，着重引进先进技术、管理经验和高素质人才，做好引进技术的消化吸收和再创新工作。根据陕北发展现状，进一步完善利用外资的法律法规和政策措施，健全市场信用体系，形成稳定、透明的涉外经济管理体制。

四、推进陕南绿色循环发展

陕南是保护国家南水北调中线核心水源区，在全省发展大局中地位重要，推进陕南绿色循环发展，是陕西省三大区域协同发展战略的重要内容，是新常态下陕南追赶超越的必由之路。牢固树立并切实贯彻五大发展理念，扎实推进绿色循环发展，建立绿色低碳循环产业体系。

（一）加快构建绿色工业体系

加强供给侧结构性改革，全力打好"三去一降一补"歼灭战，以循环经济园区为载体，切实加强绿色供给和清洁生产，全面提高工业绿色化水平，带动一二三产业融合发展。

一是依靠创新驱动促进工业转型升级。发展绿色循环产业根本要靠科技创新。积极推动西安等关中优势科教资源向陕南辐射，开展"一县一市一院所"、"一县一市一高校"行动，支持陕南三市实施重大科技专项，培育壮大信息技术、增材制造、新材料、生物技术、绿色环保、新能源等高科技产业和新兴产业。围绕各市主导产业技术需求，实施特色产业创新链项目，以装备制造、新材料、生物产业、清洁能源等特色产业为重点，强化技术攻关、科技研发和成果转化，提高产业核心竞争力。实施《"中国制造2025"陕西行动计划》，推动移动互联网、云计算、大数据、物联网等与现代制造业结合，促进工业化和信息化融合发展。加快优化有色金属产业结构，坚决淘汰落后过剩产能，推进绿色矿山建设。以中药材种植加工基地建设为抓手，扶持龙头企业产能扩张和新产品产业化，打造陕南特色中药品牌。

二是以园区为承载培育壮大产业集群。以汉中、安康、商洛三大循环经济核心聚集区为重点，加快发展有色、钢铁、装备、能源、生物医药、非金属材料、燃气化工、绿色食品、蚕桑丝绸等优势产业，走新型工业化道路。加快安康国家高新区、汉中航空智慧新城、汉中高新技术产业开发区、商丹循环工业园等园区建设，进一步完善园区基础设施，同步建设融资、孵化、信息等公共服务平台。同时依托陕飞等龙头企业，争取国家重大项目布局，加强军地、院地、院企合作，实施一批军民融合科研和产业化项目，支持地方企业开展配套，探索军民深度融合发展的体制机制。

三是通过延伸产业链提高资源利用水平。立足陕南丰富的矿产资源和生物资源，以减量化、再利用、资源化为原则，实施企业循环式生产、园区循环式发展、产业循环式组合，推进能源梯级利用、水资源循环利用、废物交换利用、土地节约集约利用，提高资源综合利用效率。依托龙头企业发展配套服务，精心培育一批专业化水平高、服务能力强、产品特色鲜明的中小配套企业，以提高产业链整体效益。鼓励企业创新和开发低碳、环保的"绿色技术"，鼓励引进和使用世界上先进的绿色技术，通过原始创新、引进吸收再创新、集成创新来发展各类绿色技术，包括农业技术、工业技术、建筑技术、节水技术、保护生态环境技术等。推动最能使用"绿色技术"、提高节能减排能力、减少生态环境损害的企业成为行业"绿色标杆"（胡鞍钢，2013）。

（二）加快发展现代有机农业

按照国家有机农产品供给区定位，大力发展绿色生态高效农业，使绿色农业生产表现为布局区域化、专业化、生产市场化、集约化、规模化和经营一体化，从而满足消费者对高品质绿色农产品的追求（武倩、李茜，2016）。

一是培育壮大新型农业经营主体。继续加大对规模经营主体和产业化项目的政策扶持力度，加快培育产业化龙头企业、农民合作社、家庭农场、专业大户等新型农业经营主体，完善农村产权交易市场，积极促进土地流转，带动农民发展适度规模经营，构建种养加、产供销一体的农业产业化经营体系。积极向农村选派科技特派员，解决农村人才不足的矛盾，鼓励大中专毕业生到乡村任职，以改善农村各类人才短缺的现状（陈晓平，2007）。

二是加强特色农产品品牌建设。目前陕南的药、茶、菜、果等优质特色农产品在全国的市场占有率还不高，主要原因是没有形成知名品牌。依托优美自然生态环境，建设优质粮油茶果药菌等特色农产品加工基地，打造粮油精深加工、农林特产加工、肉类深加工、生态观光休闲农业、庭院经济五类循环农业产业链。抓住农产品质量认证、商标注册、市场展销和建立追溯体系等关键环节，实施优势品牌战略，推进农产品品牌化建设，提高市场竞争力。发展"互联网＋"智慧农业，加快推动农产品电商平台建设，全面提高特色农业的信息化、智能化、标准化水平。推动无公害食品、绿色食品、有机食品地理保护标示认定和产品认证。

三是千方百计增加农村居民收入。2015 年陕南三市的农民人均纯收入仅为 7967 元，比全省、全国分别低 722 元和 3446 元。推动"一县一业、一村一品、多村一品"发展，加快发展家庭经营性产业。支持农村能人和返乡农民工创业，积极发展中小微型企业，强化职业农民培训（巴红霞，2017）。强化政策保护，严格落实种粮、良种、农资和农机购置等补贴政策，增加农民转移性收入。

（三）发展生态文化旅游和现代服务业

围绕发展全域旅游，加强保护和深度挖掘大秦岭、大巴山生态文化资源，加快发展山水生态游、历史文化游和红色体验游，推动文化产业与旅游产业融合发展。

一是加快促进区域旅游一体化。坚持陕南三市发展"一盘棋"思想，整合各类生态文化旅游资源，深挖历史文化、地域文化、特色文化、民俗文化等文化内涵，走陕南旅游特色化、差异化发展新路子（李月媛，2015）。依托秦巴自然风光、汉江和丹江风情等自然景观，发展山水风景游；依托历史古迹、文化遗产、乡村古镇、红色遗址等历史人文资源优势，发展历史文化游；依托田园风光、山水园林、民俗文化等资源，发展休闲度假游；依托民族村寨、现代新村、观光休闲农业园区等资源，发展乡村体验游。全面融入丝绸之路沿线地区文化交流和旅游一体化发展，着力打造丝路生态文化旅游目的地。

二是积极创建精品旅游线路和景区。目前陕南仅有商洛金丝峡一家5A级景区，像诸葛古镇一类的综合文化旅游项目也比较少，这与丰富的生态文化旅游资源不相符。加快建设大秦岭山地休闲度假游、大巴山原生态休闲度假游、沿汉丹江涉水游、商於古道、两汉三国文化游等11条旅游精品路线，规划建设绿色生态游、历史人文游、红色游、乡村游和自驾游等一批精品旅游景区，打响特色品牌。全力打造集休闲观光、康体养生、商务会展、科普探险、旅游购物于一体的秦岭休闲度假旅游目的地。

三是积极发展民俗经济。进一步规划建设民俗产业，在原本的生态旅游上植入文化元素，提升民俗产业的内涵，使游客在享受风景环境的同时又体验领略到此地独特的文化精神，同时又增加当地群众的收入，使旅游产业和民生经济融合发展（吴雪，2016）。

（四）持之以恒保护好绿水青山

生态环境是陕南最大优势和核心竞争力，必须坚持节约优先、保护优先、自然恢复为主的方针，积极实施山水林田湖生态保护和修复工程，建设国家生态文明示范区。

一是继续强化重点领域综合整治。实施南水北调中线水源地保护行动计划，加大汉丹江综合整治力度。坚守水资源开发利用控制、用水效率控制、水功能区限制纳污"三条红线"，实行区域地下水开采总量和地下水水位"双控制"，确保一江清水供北京、送西安。理顺秦岭保护体制，退耕北麓全部坡耕地，从严控制矿山开采，坚决遏制违规采石和乱批乱建现象。高度重视尾矿库治理，严格落实责任主体，切实强化隐患排查整治，建立健全长效监管机制，推动尾矿库安全环保形势持续稳定好转。

二是加强陕南生态修复。以秦岭—大巴山和汉江、丹江、嘉陵江流域等为重点，强化生态安全保护区、生物多样性保护区、水源涵养保护区等生态功能区建设，提升生态系统功能和自我修复能力（汪秀丽，2010）。实施生态保护工程，继续推进天然林保护、湿地恢复、防护林建设等重大生态修复工程。大力开展植树造林和森林经营，稳定和扩大退耕还林范围。加大重点水源区生态保护，治理水土流失危害，积极开展以生态清洁型小流域治理为重点的丹江口库区及上游水土保持工程，全面提高治理水平。

三是严格落实节能减排各项要求。节约集约利用水、土地、矿产等资源，推广高效节水技术和产品，发展节水农业，推进企业节水改造，大幅降低资源消耗强度。加快环保基础设施建设，完善污水处理设施，重点健全纳污管网，逐步实现雨污分流。强力推进工程减排，现有及新建污水处理设施全部完善脱氮脱磷工艺，全面推进提标改造。

实行工业污染全面达标排放计划，建立严格的环境准入制度、重污染企业退出机制和工业增加值污染物产生量、排放量评价制度。

四是建立健全生态保护体制机制。编制自然资源资产负债表，全面落实生态环境损害责任追究办法，从源头上防止浪费资源、污染环境、破坏生态。推行排污权、碳排放量配额和市场交易，实施环境污染第三方治理，争取将南水北调水源涵养地列入国家自然资源管理改革试点范围。

（五）着力推进绿色城镇化建设

新型城镇化是现代化的必由之路，是绿色循环发展的重要驱动力。以城镇群为主要形态，推进区域中心城市、中小城市和重点示范镇协调发展。

一是完善城镇规划体系。围绕构建总规、详规、专规相结合的规划体系，加快修编完善相关规划，全面开展城市设计，确保城乡建设健康有序。城市发展规划应在充分调研和科学论证的基础上，结合自身要素禀赋，考虑环境承载能力，将产业、人口、土地、地域空间结合起来，全面科学规划布局（冯奎、贾璐宇，2016）。作为国家南水北调重要水源涵养地和生态屏障，陕南应在推进绿色城镇化上大胆探索、先行先试，尊重自然格局，合理布局城镇，优先保护生态。

二是加强城镇基础设施建设。继续以县城、重点示范镇、文化旅游名镇建设为重点，更加注重地上地下统筹建设，全面提高城镇综合承载能力。以保障房和移民搬迁安置点建设、棚户区改造为抓手，带动城镇基础设施和公共服务设施同步提升。抓好高铁、高速公路建设，加大汉中机场航线开通和安康新机场建设力度。尽快谋划实施一批水源工程、电网改造、燃气通信、综合管廊、水系治理、海绵城市等新项目，持续扩大有效投资。积极开展城市形象和环境改善工程，建设智慧城市、数字城市，推行一网通、一站通、一卡通等集成度高的便民服务。

三是改善农村人居环境。以生态优美小镇建设为载体，以产城融合为方式，打造最宜人居环境，走城乡统筹发展之路。科学确定村庄布局和规模，调整完善生态环境空间，发挥汉阴、西乡、山阳等县美丽乡村试点示范作用，加快推进村庄环境整治、面源污染治理、公共设施配套和特色产业培育等工作。把美丽乡村建设与城乡一体化发展、农业现代化、农村生态文明建设、脱贫攻坚、农业供给侧结构性改革有机结合，积极建设有历史记忆、地域特色、民族特点的美丽乡村，保护好、传承好耕读文明和乡土文化等中华民族的优秀传统文化。抓好农村生活垃圾处理和污水治理、卫生厕所建设、绿化美化亮化等重点工程，以重点突破带动整体提升（朱建江，2017）。

（六）全力推动区域开放协同发展

抓住中央实施"一带一路"倡议与长江经济带建设战略机遇，切实加快走出去、融进去步伐，推动跨区域经济合作。

一是积极融入大西安为中心的关中经济区。信息网络和高速公路、铁路的日益完善，极大地拉近了陕南与关中的距离，陕南应加紧建设高新区、工业集中区等创新创业资源聚集平台，积极承接关中、陕北产业转移，全方位加强能源化工、先进制造、商贸物流、农产品加工和文化旅游等领域的合作（王甲训，2014），吸纳关中的创新要素、参与关中的创新活动，共享西安全面创新改革试验和自主创新示范成果。

二是依托地缘优势打造省际开放经济带。突破行政区划限制，以宁强、镇巴、南郑、镇坪、山阳等省际边界县为节点，建立联动协作机制，围绕区域主导产业整合优化资源，加快构建区域性交通枢纽和物流中心，主动对接长江经济带战略，积极融入十堰、武汉、重庆、成都等周边城市的经济发展。

三是依托"同饮一江清水"水缘关系深化津陕合作。充分利用天津的科技、人才、资金、市场优势促进陕南的经济发展，共同构建水源南北共治、经济互利共赢的区域合作关系，同时积极加强与北京、河南、河北等其他受水区省市的合作。

本章参考文献

吴净．我国区域经济协调发展中若干理论问题思考——兼析区域经济协调发展的本质与内涵［J］．区域经济评论，2013（6）：13－18．

田宝龙．江苏省区域经济协调发展研究——基于共生理论的视角［J］．中国商贸，2014（8）：110－112．

胡金荣．陕西省"十三五"区域经济协调发展的路径［N］．陕西日报，2015－11－20．

东莞市横沥镇模具产业协同中心．政产学研协同创新促进传统产业转型升级［J］．广东经济，2016（5）：10－13．

邹华，许千．我国高新技术产业园区规划布局研究［J］．沈阳工业大学学报（社会科学版），2016（2）：112－116．

李群刚，马东芳，李玮玮．西安高新区：奋力开创世界一流科技园区新局面［N］．西安日报，2017－04－07（004）．

李响，郑绍钰，李倩．军民融合战略下区域军地协同创新网络研究——以陕西航空军民融合产业集群为例［J］．科技与产业，2017（1）：1－4．

杨志坚．协同视角下的军民融合路径研究［J］．科技进步与对策，2013（4）：99－102．

方玮峰．"双创"助力"追赶超越"新陕西［J］．中国经贸导刊，2016（2）：62－63．

赵雪莲，杨琰华．浅论陕北能源化工基地建设及其产业链的延伸［J］．榆林学院学报，2006（5）：11－14．

郭萍萍. 欠发达地区创新型政府体制机制优化策略［J］. 经济师，2016（11）：28 - 29.

姜四清，王任飞，赵文广. 经济多元化发展是老工业城市重振的必由之路——美国开展老工业基地调整改造对我国的借鉴［J］. 中国财政，2013（15）：64 - 69.

李天祥. 陕北能源经济发展与生态环境保护的战略性构想［J］. 陕西教育（高教），2014（9）：5 - 8.

胡鞍钢. 2030：世界绿色工业强国——全球视野下的中国工业化道路［J］. 人民论坛·学术前沿，2013（16）：72 - 83.

武倩，李茜. 推进山区县绿色农业产业链发展策略研究——以垣曲县为例［J］. 湖南农业科学，2016（6）：105 - 108.

陈晓平. 拓宽欠发达地区现代有机农业发展之路［J］. 求是，2007（15）：62.

巴红霞. 浅谈增加农民收入的几个问题［J］. 现代经济信息，2017（3）：16.

李月媛. 基于生态美学视角的陕西旅游文化发展研究［J］. 中小企业管理与科技（上旬刊），2015（11）：124.

吴雪. 民宿在乡村生态文化旅游中的发展路径探析［J］. 商场现代化，2016（8）：133 - 134.

汪秀丽. 浅议河流生态修复［J］. 水利电力科技，2010（1）：1 - 16.

冯奎，贾璐宇. 我国绿色城镇化的发展方向与政策重点［J］. 经济纵横，2016（7）：27 - 32.

朱建江. 城乡一体化要求下的上海美丽乡村建设研究［J］. 科学发展，2017（1）：46 - 50.

王甲训. 跟进西安，融入西安［N］. 各界导报，2014 - 11 - 01（004）.

第五章 关中城市群的战略定位与协同发展

20世纪80年代以来，伴随信息化和经济全球化的发展，城市群已成为世界城市化的主流趋势。在中国，区域经济也正由传统的省域经济与行政区经济向城市群经济转变，城市群逐渐成为区域发展的主要空间形态，人口和经济活动不断向城市群地区聚集。关中城市群依托其较好的历史基础、优越的区位条件、发达的交通网络、发达的商品经济、独特的地方资源以及明显的科教优势（薛东前、姚士谋等，2000），已发展成为陕西省发育较为成熟的城市群地区。该城市群位于陕西省中部，是陕西省经济、社会发展的核心区域，区域范围包括陕西省境内的西安、铜川、宝鸡、咸阳、渭南五个地级市和杨凌国家级农业高新技术产业示范区（以下简称杨凌示范区），共54个区县（见图5－1），面积5.5万平方千米，2015年常住人口2385.1万人，地区生产总值11403.0亿元，第二产业增加值5421.0亿元，分别占全省的26.9%、62.9%、64.3%和59.7%。

关中城市群地处中国西北内陆地区，不仅是陕西省经济发展的核心区域，同时也是亚欧大陆桥的重要支点、全国交通和信息大通道的重要枢纽，是西北地区连通东中部地区的重要门户。在世界经济仍然向少数地区集聚发展的背景下，中国的经济活动也在不断向东部沿海地

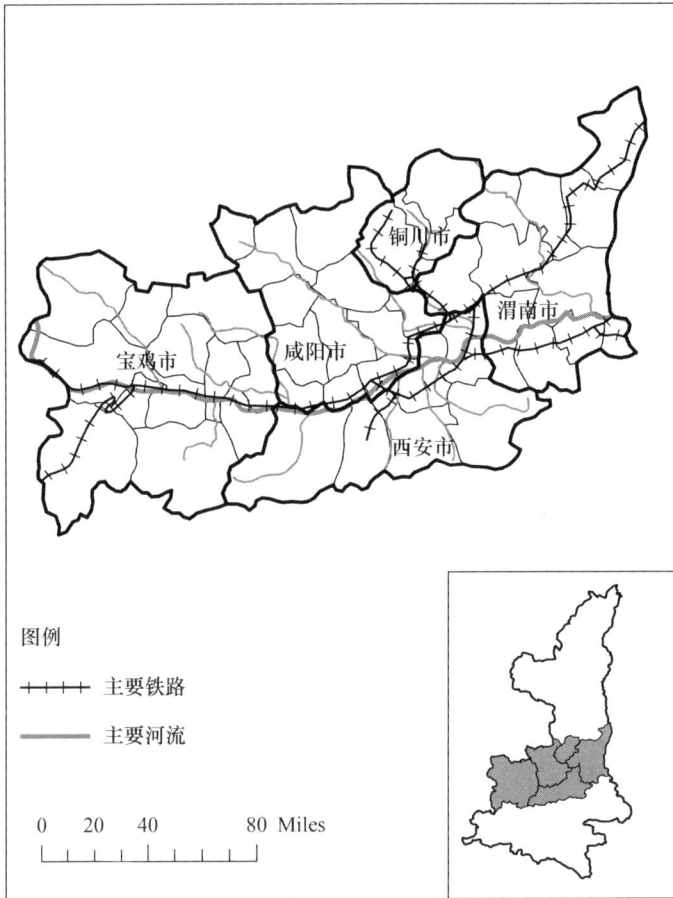

图 5 – 1　关中城市群示意图

区与城市群地区集聚。那么，关中城市群经济集聚发展的趋势如何？经济集聚发展是否促进了该地区经济发展？今后是否要采取措施、采取什么措施促进关中城市群经济集聚发展？对这些问题的回答将有效提升关中城市群的经济发展水平与区域竞争力，促进陕西省工业化与城镇化的顺利推进，进而促进全国经济持续增长。

一、关中城市群发展现状

（一）经济发展水平较低

整体上，关中城市群经济发展水平高于陕西省平均水平，但低于全国经济发展的平均水平。2015 年，关中城市群人均地区生产总值48573 元，比陕西省平均水平高947 元，但比全国平均水平低1419 元；产业结构仍处于低级形态，呈现"二、三、一"结构，第二产业比重高于陕西省6.1 个百分点，高于全国5.9 个百分点。另外，咸阳与渭南的第一产业比重还处于较高水平；人民生活水平较低，除西安与杨凌外，其余地区的城镇居民人均可支配收入和农民人均纯收入均低于全国平均水平（见表5-1）。城市群内部各城市之间经济发展水平差异较大，大体可以分为三个层次，西安、杨凌发展水平最高，宝鸡、咸阳次之，铜川、渭南最低。

表 5-1 2015 年关中城市群与其他地域范围主要经济指标对比 单位：元

地区	人均 GDP	产业结构	城镇居民人均可支配收入	农民人均纯收入
西安	66938	3.8∶36.7∶59.5	33188	14072
铜川	36322	7.4∶55.5∶37.1	25559	8739
宝鸡	47565	9.2∶63.9∶26.9	29475	9511
咸阳	43365	15.3∶57.2∶27.5	29425	9690
渭南	26729	15.0∶48.8∶36.2	25472	8705
杨凌	52093	6.7∶51.8∶41.5	33109	13792
关中城市群	48573	8.3∶46.8∶44.9	—	—

续表

地区	人均GDP	产业结构	城镇居民人均可支配收入	农民人均纯收入
陕西省	47626	8.9∶40.7∶50.4	26420	8689
全国	49992	8.9∶40.9∶50.2	31195	11422

数据来源：根据《中国统计年鉴（2016）》、《陕西统计年鉴（2016）》整理得到。

（二）城市群竞争力弱

根据城市化发展阶段理论，目前关中城市群虽正处在快速发展时期，但存在城镇化水平低、城镇规模小、城市群等级结构不合理等问题，与国内相同规模的城市群相比竞争力较弱（张思峰、牛玲等，2002；方创琳，2005；任保平，2007；郝俊卿，2013）。2015年陕西省城镇化水平为53.9%，西安为66.9%，宝鸡和咸阳仅分别为49.1%和49.5%。城市群内部城市规模总体偏小，除西安城市人口达到特大城市规模、宝鸡达到Ⅱ型大城市规模外，其余城市规模均低于100万人，缺少Ⅰ型大城市，等级结构中存在断层现象，阻碍了城市群内集聚效应和辐射功能的发挥。同时，关中城市群为典型的高首位度城市结构类型，西安在关中城市群的中心性地位突出，2015年西安常住人口、地区生产总值、第二产业产值、第三产业产值分别占关中城市群的36.5%、50.1%、39.2%和66.4%。但与全国相同等级山东半岛城市群、中原城市群的中心城市相比，西安的经济发展水平又较低，人均地区生产总值、经济密度、人均地方公共财政收入等指标远远低于济南、青岛和郑州（见表5-2）。西安较弱的经济实力必然导致关中城市群的整体经济水平偏低、竞争力低下。

表5-2 2014年关中、山东半岛、中原城市群中心城市主要经济指标对比

城市	地区生产总值（亿元）	人均地区生产总值（元）	经济密度（万元/平方千米）	人均地方公共财政收入（万元）
西安市	4531.8	68600	12655.2	9941.9
济南市	4312.0	95620	13054.8	15045.1
青岛市	5527.7	116216	16786.1	24163.2
郑州市	3702.6	70505	36659.1	15639.1

数据来源：根据《中国城市统计年鉴（2015）》整理得到。

（三）城市群内部分工协调程度低

关中城市群的产业布局和发展背离了劳动地域分工规律和客观要求，地区间产业分工不合理，工业产业同构问题严重，造成城市群内部竞争过度而互补性不足，严重阻碍了城市群内部产业转移和产业链延伸升级，以及区域间产业分工和合作（薛东前、段志勇等，2013）。根据产业区域同构系数公式计算的关中城市群内部的城市间工业同构系数表明，西安和宝鸡、咸阳和渭南、咸阳和铜川的工业产业同构程度最大，西安和咸阳、宝鸡和咸阳、宝鸡和渭南、宝鸡和铜川、渭南和铜川的工业产业同构程度属中等水平，西安和铜川、西安和渭南的产业同构程度最小（见表5-3）。

表5-3 2009年关中城市群不同区域工业结构同构系数

城市	西安市	宝鸡市	咸阳市	渭南市	铜川市
西安市	1.000	0.678	0.421	0.173	0.154
宝鸡市	0.678	1.000	0.392	0.463	0.340
咸阳市	0.421	0.392	1.000	0.592	0.515
渭南市	0.173	0.463	0.592	1.000	0.436
铜川市	0.154	0.340	0.515	0.436	1.000

数据来源：薛东前，段志勇，贺伟光. 关中城市群工业分工协调及密集带规划研究［J］. 干旱区地理，2013，36（6）：1125-1135.

　　根据产业结构相似系数公式计算的关中城市群整体工业行业相似系数表明，城市群内部 36 类工业细分行业的相似系数在 0.100～0.993 之间，按其相似系数可以分为六类（见表 5 - 4）。第Ⅰ类行业受自然资源限制，产业分布分散而且地区间发展程度差别较大，虽然个别行业相似系数较大，但不认为存在产业同构。第Ⅱ类行业的生产布局多

表 5 - 4　2009 年关中城市群工业分行业产业结构相似系数

类别	行业	相似系数	类别	行业	相似系数
第Ⅰ类	煤炭开采和洗选业	0.100	第Ⅴ类	交通运输设备制造业	0.837
	黑色金属矿采选业	0.286		电气机械及器材制造业	0.613
	有色金属矿采选业	0.851		食品制造业	0.885
	黑色金属冶炼及压延加工业	0.711		橡胶制品业	0.831
	有色金属冶炼及压延加工业	0.654		石油加工及炼焦业	0.868
第Ⅱ类	家具制造业	0.813	第Ⅵ类	农副食品加工业	0.987
	木材加工及木竹藤棕草制品业	0.846		饮料制造业	0.955
	仪器仪表及文化办公用品制造业	0.819		纺织业	0.969
	印刷业和记录媒介的复制	0.801		纺织服装、鞋、帽制造业	0.942
第Ⅲ类	燃气生产和供应业	0.967		医药制造品	0.972
	电力、热力的生产和供应业	0.961		金属制品业	0.925
	工艺品及其他制造业	0.940		通用设备制造业	0.953
	水的生产和供应业	0.977	第Ⅵ类	造纸及纸制品业	0.985
第Ⅳ类	非金属矿采选业	0.647		塑料制品业	0.941
	文教体育用品制造业	0.939		化学原料及化学制品制造业	0.988
	烟草加工业	0.644		非金属矿物制品业	0.993
	皮革、皮毛、羽毛及其制品	0.756		专用设备制造业	0.989
	化学纤维制造业	0.818		通信设备、计算机及电子设备制造业	0.910

数据来源：同表 5 - 3。

靠近消费市场，多分布在西安市，其他地市的产业规模和产值都较小，不认为存在产业同构。第Ⅲ类行业是城市进行生产活动及居民生活必需的基础产业，虽然相似系数达到 0.900 以上，但不认为存在产业同构。第Ⅳ类行业比较特殊，由于样本有效数据少且各地市之间产值差别很大，其计算得到的行业相似系数不能反映真实情况，不认为存在产业同构。第Ⅴ类行业的相似系数在 0.600~0.900 之间，各地市都存在这些行业且产值较高，认为存在产业同构，这类行业占行业总数的 13.9%。第Ⅵ类行业的相似系数大于 0.900，且在各地市均有分布，认为存在严重的产业同构问题，这类行业占行业总数的 36.1%（薛东前、段志勇等，2013）。

二、关中城市群经济活动集聚的特征事实

关中城市群虽然集聚了陕西省 2/3 左右的人口与经济活动，但 2000 年以来这种人口与经济活动向关中城市群集聚的趋势并没有得到加强，甚至出现了减弱趋势（见图 5-2）。2000~2008 年，关中城市群常住人口占全省的比重从 59.0% 上升至 63.4%，2009 年下降为 62.6%，之后又出现特别小幅度的上升趋势。城市群地区生产总值、第二产业产值、工业增加值占全省比重的变化趋势基本一致，均呈下降趋势，其间 2009 年出现小幅度上升，2012 年开始呈小幅度持续上升趋势。2000~2015 年地区生产总值、第二产业产值、工业增加值占全省比重分别下降了 6.8 个、11.3 个和 15.7 个百分点，工业增加值比重下降幅度最大。2000~2003 年，城市群第三产业产值占全省的比重整体呈上升趋势，之后呈持续下降趋势（除 2009 年外），但下降幅度较小，2000 年以来仅下降 2.7 个百分点。

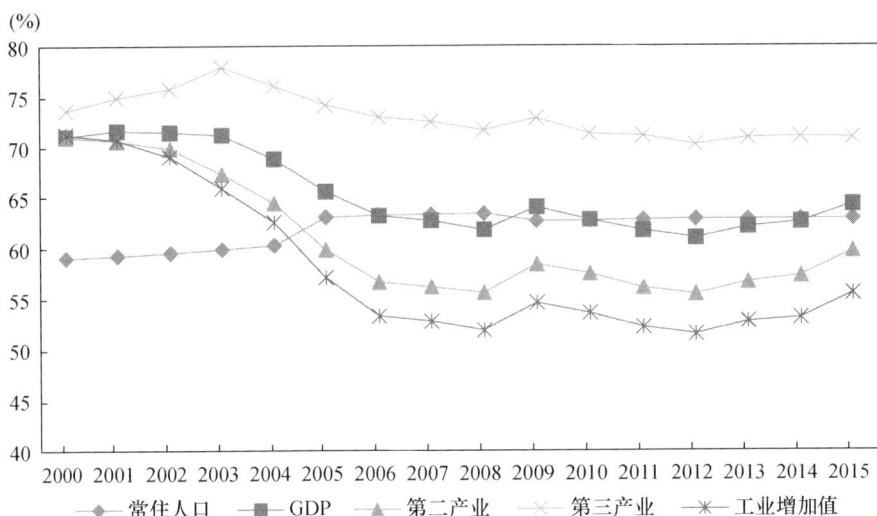

图5－2 2000～2015年关中城市群人口与经济活动集聚趋势

数据来源：根据《陕西省区域统计年鉴（2016）》整理得到。

从关中城市群内部各城市来看，2000～2015年，西安常住人口占陕西省的比重呈上升趋势，上升4.1个百分点，杨凌示范区上升0.2个百分点，其他地区比重略有下降，下降幅度均未超过0.1个百分点，基本保持不变。这表明人口在一定程度上存在向省会城市集聚的趋势；西安和宝鸡地区生产总值、第二产业产值、工业增加值占全省的比重均呈下降趋势，其中第二产业产值与工业增加值下降趋势明显。铜川地区生产总值、第二产业产值、工业增加值占全省的比重在2013年之前基本呈上升趋势，2013年开始出现明显下降趋势。

咸阳地区生产总值、第二产业产值、工业增加值占全省的比重则在2006年之前呈下降趋势，2006年之后呈持续上升趋势。渭南地区生产总值、第二产业产值、工业增加值占全省的比重变化不明显，呈略微下降趋势。从关中城市群各城市第二产业产值和工业增加值变化趋势可以看出，城市群内第二产业或工业已经开始由核心城市西安和宝鸡向周边城市扩散；西安和杨凌示范区第三产业产值占全省的比重呈上升趋势，其余地区均呈较明显的下降趋势，表明第三产业在不断向核心城市西安集聚（见图 5-3）。杨凌示范区由于其特殊的地位，人口和各项经济指标占全省的比重均呈上升趋势，但由于总量较小，因而对关中城市群的影响并不明显。

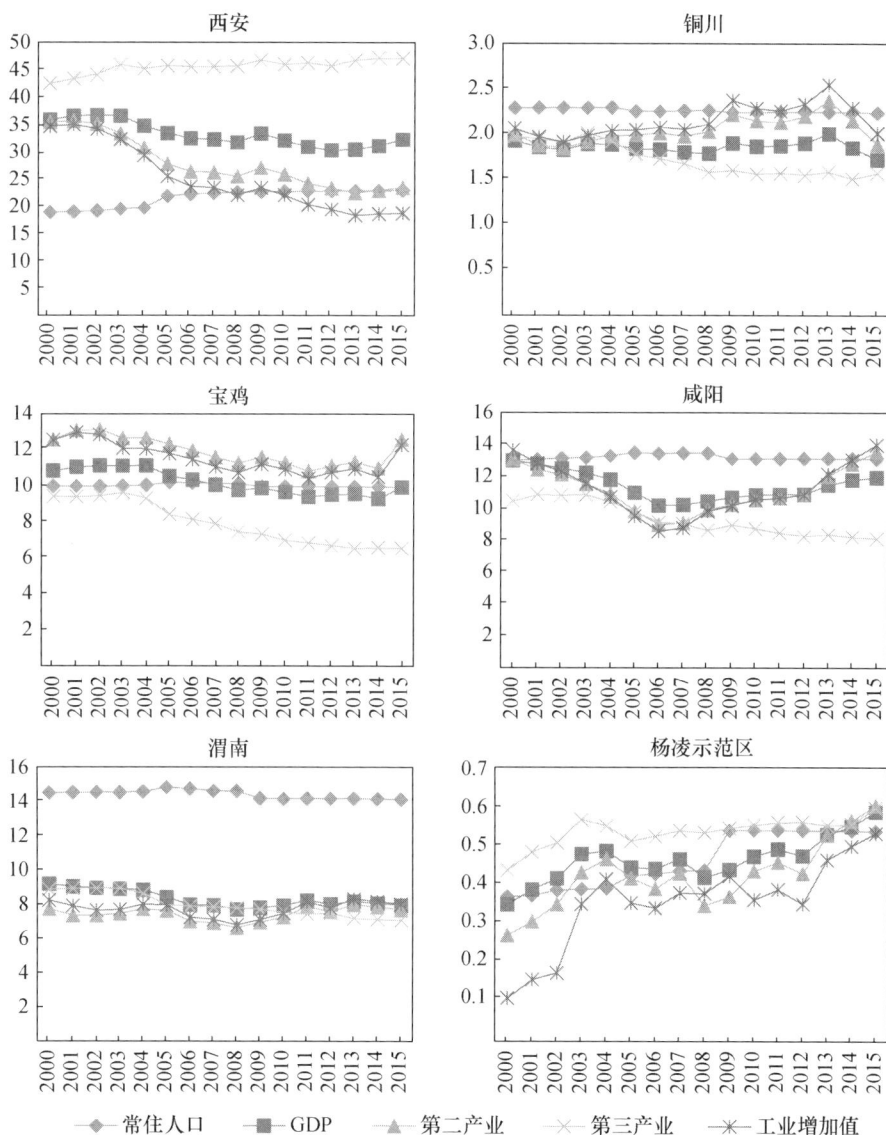

图 5-3　2000～2015 年关中城市群各城市主要经济指标占陕西省的比重

数据来源：根据《陕西省区域统计年鉴（2016）》整理得到。

进一步以关中城市群内的区县为研究对象，计算了各区县的经济密度，即单位土地面积生产的地区生产总值，利用自然断点分类法对各区县的经济密度进行聚类。结果发现，2014 年与 2000 年相比，经济密度高的地区进一步向西安、咸阳等市辖区聚集（见图 5-4）。2000 年经济密度较大地区分布在西安、咸阳、宝鸡、铜川市区以及兴平、高陵、三元等 10 个地区，2014 年密度较高地区则集中在咸阳、西安市区及高陵 3 个地区。2000 年经济密度最高地区（3062.8 万元/平方千米）是经济密度最低地区（8.0 万元/平方千米）的 383 倍，2014 年经济密度最高地区（14042.4 万元/平方千米）则是经济密度最低地区（63.4 万元/平方千米）的 221 倍。

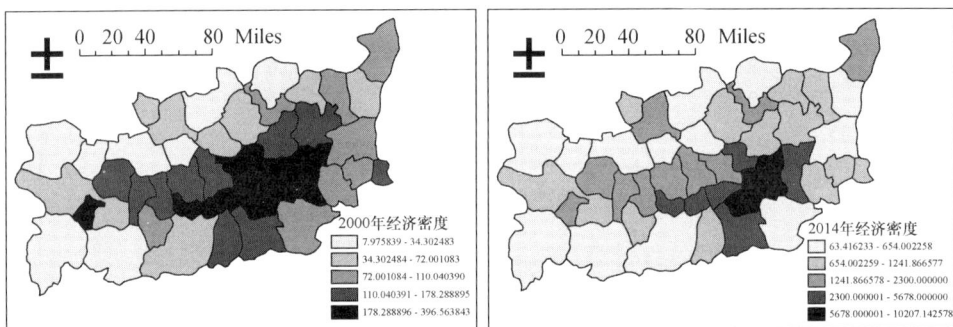

图 5-4　2000 年与 2014 年关中城市群经济密度变化

数据来源：根据《中国县域统计年鉴（2001）》、《中国县域统计年鉴（2015）》整理得到。

上述分析表明，2000 年以来，陕西省的人口与经济活动并没有向关中城市群进一步集聚。从关中城市群内部各城市常住人口、地区生产总值、第二产业产值、工业增加值以及第三产业产值占全省比重的变化趋势来看，城市群内部的人口和第三产业在核心城市西安集聚，第二产业或工业则从核心城市向周边城市扩散。从关中城市群各区县的经济密度变化看，经济活动在不断向西安、咸阳等少数城市的市辖区及周边区县集聚。

三、关中城市群经济集聚对经济增长的影响

经济活动的空间集聚与经济增长相伴而生是一种普遍的经济现象（Fujita and Thisse，2002；Baldwin et al.，2003）。部分经济学家从理论上对这种经济现象进行了解释，他们通过空间经济学模型解释了集聚和长期经济增长之间的内在联系机制：由于贸易成本和递增规模报酬的相互作用，工业部门将会拥有较多的最终需求和创新更多的地区，因而经济集聚会随着经济增长而不断增加。另外，经济集聚会降低那些经济活动较为集中的地区的创新成本，因而也会促进更快的经济增长（Martin，Ottaviano，1999、2001；Baldwin，Martin，Ottavinano，2001）。Baldwin 和 Forslid（2000）、Fujita 和 Thisse（2002）也得到了相似的结论，认为集聚对于整体的经济增长是有利的，因而地理位置会影响到经济增长。

伴随着理论研究的深入，经济学家针对经济集聚与经济增长的关系进一步进行了实证分析。例如，利用美国各州的数据对劳动生产率与就业密度之间关系的实证分析结果表明，一个地区就业密度提高一倍可以使得该地区劳动生产率提高 6 个百分点（Ciccone，Hall，1996）。基于欧洲各个地区的面板数据，对欧洲的就业密度影响劳动生产率的效应检验结果表明，经济集聚对劳动生产率的提高存在着显著的促进效应，而且这种集聚效应会随着时间的推移而逐渐增强（Brulhart，Mathys，2006）。使用芬兰各地区的面板数据对经济集聚与经济增长的关系进行检验，同样发现人口密度对于地区的收入增长具有正效应（Ottavaiano，Pinelli，2006）。此外，Braunerhjelm 和 Borgman

（2006）基于瑞典的数据实证检验了经济集聚对劳动生产率的影响，结果表明以 EG 指数度量的经济集聚程度和劳动生产率之间存在显著的正相关关系。

但也有相当部分的研究发现，经济集聚对于经济增长没有影响，甚至还有负面的影响，主要是使用人口或就业总量作为集聚的度量指标时，研究结果显示市场规模或城市规模度量的经济集聚对增长具有负面影响。例如，Carlino（1979）发现人口规模对于生产率具有负的影响。Henderson（1986）也观察到随着城市的扩张，地方化经济的显著性会逐渐减弱。Jones（1995）的研究则表明，OECD 主要国家的经济增长率并不与其劳动力数量的多少呈正比，反而存在不变或递减的关系。Fugagami 和 Ohkusa（2003）的研究则表明，用人口数量衡量的市场规模与经济增长率之间存在着 U 型关系，这表明较大或较小规模的市场都不利于经济增长。Sbergami（2002）使用欧盟内部国家的跨国数据，对于经济增长和集聚的相互关系进行了实证研究，发现无论是高技术行业，还是中等技术和低技术行业的集聚对于经济增长都是负的影响。

近年来，国内也有一些学者针对经济集聚与地区间增长的差距进行了研究。例如，范剑勇和朱国林（2002）的研究发现，改革以来中国整体上发生了产业在空间上的转移和集聚，地区差距的扩大与产业集聚有密切关系。范剑勇（2004）的研究认为，中国地区间差距的持续扩大则突出表现在产业集聚的整体性积累。罗勇和曹丽莉（2005）基于电子及通信设备制造业数据的研究，发现 EG 指数和工业总产值之间高度正相关。张妍云（2005）运用最小二乘估计，发现工业集聚能够带动全员劳动生产率的提高。

上述文献综述表明，关于集聚对经济增长影响产生的分歧，一方面与这些研究使用的方法或数据本身有关；另一方面，也与用于度量经济集聚时使用的指标不同有关。基于中国数据针对集聚与经济增长本身的研究并不多，而且现有研究大多以全国为单位进行研究，本书以关中城市群地区为研究对象，对该地区经济集聚与经济增长的关系进行实证研究，以期得到可靠的结果，用于指导关中城市群地区的发展。

（一）计量模型的设定

本书将重点分析关中城市群地区经济集聚对其经济增长的影响。根据本书研究目的和现有文献提出的影响经济增长的因素，建立如下实证分析模型：

$$pergdp_{it} = \alpha_0 + \beta_1 aggl_{i(t-1)} + \beta_2 perinv_{i(t-1)} + \beta_3 perfis_{i(t-1)} + \beta_4 percon_{i(t-1)} + dD_i + u_{it}$$

其中，下标 i 表示地区，下标 t 表示年份，$pergdp_{it}$ 表示各地区的人均 GDP 水平，是本书的被解释变量；$aggl_{i(t-1)}$ 表示经济集聚，是本书关心的核心解释变量；$perinv_{i(t-1)}$、$perfis_{i(t-1)}$、$percon_{i(t-1)}$ 为其他影响经济增长的控制变量，D_i 是为了使本书结论更为稳健引入的若干虚拟变量，α_i 表示不随时间变化且无法观测到的地区个体效应，u_{it} 为随机误差项，其他希腊字母表示常数项和变量的系数。为了减缓由联立内生性（即被解释变量与解释变量存在相互影响）导致的估计偏误，对随时间变化的影响因素均作了滞后一期的处理。样本覆盖了 2000 ~ 2015 年关中城市群地区 54 个区县的相关数据，被解释变量和解释变量的原始数据源自 2016 年《陕西省区域统计年鉴》。

（二）指标的度量和数据说明

被解释变量为人均 GDP，用来衡量经济增长。经济集聚程度为核心解释变量，参照文玫（2004）度量工业集聚程度的方法，采用各区县地区生产总值占陕西省的比重衡量经济活动集聚程度，某地区生产总值占全省的比重上升，说明在该地区发生了经济集聚现象。为了更深入地分析不同类型产业活动集聚对经济增长的影响，分别将各区县地区生产总值、第二产业产值、第三产业产值、工业增加值占全省的比重作为衡量经济集聚程度的指标进行了回归分析。固定资产投资、消费是经济增长的直接源泉，所以本书将人均全社会固定资产投资、人均地方财政支出作为控制变量。

某地区的经济增长还与政府行为有紧密关系，政府的财政支出一方面是消费的一部分，可以反映各地区的政府规模；另一方面，也可以用来度量政府对经济的干预程度，所以本书将人均地方财政支出也作为控制变量之一。考虑到省会城市所辖区县以及市辖区与普通区县的不同，分别设了省会城市所辖区县与市辖区两个虚拟变量，用于控制不同类型区县中不可观测的特定特征对经济增长的影响。需要说明的是，受到统计数据来源的限制，模型中没有考虑到国外投资、人力资本水平对各地区经济增长的影响。这个缺陷一定程度上可以通过上述两个虚拟变量得到弥补，对回归结果的影响不是很大。

表5-5　影响关中城市群经济增长的解释变量及其度量指标

	解释变量	英文缩写	度量指标	预期符号
核心解释变量	经济集聚程度	aggl	各地区地区生产总值/陕西省地区生产总值	+
			各地区第二产业产值/陕西省第二产业产值	+
			各地区工业增加值/陕西省工业增加值	+
控制变量	人均全社会固定资产投资	perinv	各地区全社会固定资产投资/各地区常住人口数量	+
	人均地方财政支出	perfis	各地区地方财政支出/各地区常住人口数量	+
	人均社会消费品总额	state	各地区社会消费品总额/各地区常住人口数量	+
	省会城市所辖区县	province	西安市所辖区县	-
	市辖区	district	西安、铜川、宝鸡、咸阳、渭南市辖区	-

在回归分析过程中，分别报告了不同指标衡量经济集聚程度时主要变量的相关性检验结果，绝大部分解释变量与被解释变量的相关性与预期一致，且绝大部分解释变量之间的相关系数低于0.7。另外，还考察了解释变量的方差膨胀因子（VIF），其取值均低于10，表明方程不存在严重的共线性问题。

（三）计量结果及分析

对模型的 Hausman 检验结果支持固定效应模型，考虑到可能存在异方差问题，分别对用不同经济指标衡量经济集聚程度的模型进行了 Robust 稳健性估计。估计结果与预期一致，关中城市群地区经济集聚程度对经济增长的影响为正，并且在至少5%的水平上显著。表5-6中第二、第三、第四列分别为用各区县地区生产总值、第二产业产值

表5-6　关中城市群地区经济增长的决定因素估计

被解释变量	pergdp		
解释变量	（1）	（2）	（3）
aggl	12616.1898***	7972.5168***	8315.3555***
	（3401.6943）	（2003.5011）	（1708.2208）
perinv	0.3870***	0.3860***	0.4493***
	（0.0519）	（0.0525）	（0.0599）
perfis	1.2414**	1.1548**	0.9962**
	（0.3850）	（0.3661）	（0.3436）
percon	0.8254***	0.8492***	0.7549***
	（0.1172）	（0.1080）	（0.1100）
cons	-9755.6045*	-3743.4716	-2980.4148
	（0.1172）	（2570.0742）	（2097.7438）
Within R^2	0.9223	0.9232	0.9359
F 检验值	21.46	17.15	19.93
观察值	756	756	600

注：（1）括号中数值为标准差；（2）*、**、*** 分别表示在5%、1%和0.1%水平上显著。

和工业增加值占陕西省比重衡量经济集聚程度时的估计结果。结果表明，以地区生产总值比重衡量经济集聚程度时，经济集聚对经济增长的作用最为明显，地区生产总值比重每上升一个百分点，人均地区生产总值增加12616.2元；工业增加值比重每上升一个百分点，人均地区生产总值增加8315.4元；第二产业产值比重每上升一个百分点，人均地区生产总值增加7972.5元。用各区县第三产业产值衡量经济集聚程度时，模型估计结果不显著，也就是说，第三产业集聚对经济增长没有明显的促进作用。这可能与第三产业中部分行业需要分散布局有关，估计结果也没有在表中呈现。

在对现有关于经济集聚对经济增长文献分析的基础上，利用关中城市群地区54个区县2000～2015年的面板数据，实证分析了用地区生产总值、第二产业产值、第三产业产值、工业增加值衡量的经济集聚程度对经济增长的影响。

实证结果表明：第一，以各区县地区生产总值、第二产业产值、工业增加值占全省比重衡量经济集聚时，经济集聚能够对经济增长产生促进作用，但以各区县第三产业产值占全省比重衡量经济集聚程度时，估计结果并不显著，表明第三产业集聚未对关中城市群经济增长发挥促进作用。第二，以各区县地区生产总值占全省比重衡量经济集聚时，经济集聚对经济增长的促进作用最为明显，地区生产总值比重每提高一个百分点，人均地区生产总值增加12616.2元；其次为工业增加值，工业增加值比重每上升一个百分点，人均地区生产总值增加8315.4元；第二产业产值比重每上升一个百分点，人均地区生产总值增加7972.5元。

从实证结果中可得到以下启示：在对关中城市群的研究时段内，经济集聚对经济增长的促进作用较大。因此，在关中城市群内部要尽量避免政府通过行政手段控制经济活动进一步集聚的行为，为了很好地促进经济集聚发展，今后要加快城市群内部产品和要素的流动，加速市场一体化进程。这就要求继续深化市场一体化的改革进程，打破地方行政保护和垄断，消除市场分割，降低物流等交易成本，寻求建立更大统一的大市场。

四、相关政策建议

新经济地理理论表明，一体化程度提高（或交易成本降低）有助于实现区域一体化发展。国内沿海地区发育较为成熟的城市群发展经验也表明，通过建立健全城际协调机制形成的一体化对经济集聚发展至关重要。因此，关中城市群在未来的发展中，需要建立起多层次、多元化有效的城际协调机制。针对不同层次、不同类型的地方政府间恶性竞争问题，借助市场机制、科学机制等混合机制来完善政府间的合作。建立城际协调发展的政府政策和服务体系，转变和强化各级政府服务职能，放宽市场准入，创造良好的市场环境。城市群内地方政府之间签订有约束力的经济合作协议，减少地方保护主义行为，组建精简、高效、科学的决策机构，通过已建立的城际间协调机制，就重大战略安排、基础设施建设、重大项目部署等一些重大问题进行协商和协调。

（一）打破城市界限，推动城市群内部一体化发展

提升核心城市的集聚功能，加快与周边地区的一体化进程。西安作为关中城市群的一级核心城市与经济中心，对整个城市群的发展发挥着巨大的辐射带动和整合作用。为了更好地发挥西安在关中城市群发展中的集聚功能，西安应抓住机遇加强与丝绸之路经济带上各国的合作，提高国际化程度；依托现有的科研院所和各类开发区，提升西

安的整体竞争实力和辐射力；充分利用其区位、科技、文化等优势，强化城市群的集聚功能和综合服务功能，实现城市群经济资源的优化配置和经济整合。与此同时，西安还应继续强化其先进制造、科技教育、旅游文化、物流商贸、金融保险、信息服务等主导产业功能。

西安在提升辐射功能的同时要加强与周边地区的一体化进程。最为典型的如西安与咸阳的一体化建设，要在现有合作基础上进一步拓展与深化合作领域，实现两地财政金融、人才交流和基础设施等更深层次的融合和对接，将其打造为关中城市群重要的区域贸易物流中心、区域性金融中心、能源金融贸易中心、国际旅游目的地以及高新技术产业和先进装备制造业的基地。强化核心城市的集聚功能与提升核心城市吸引力，最终目标是加大其辐射与带动作用，从城市群发展的集聚阶段转向扩散阶段，在注重核心城市发展的同时不断提升中小城市的功能，实现区域均衡发展和经济同步增长，形成大、中、小城市协调发展，功能优化、规模合适、结构合理的城市群体结构。

（二）构建关中城市群内部产业分工与城市职能分工体系

城市群内部实现产业分工与城市职能分工是促进其经济集聚发展的前提条件（薛东前、段志勇等，2013）。产业优势互补是城市群整合发展的基本动力，关中城市群在产业整合中，首先应根据各个城市的比较优势，深化产业分工，形成资源共享、优势互补的产业分工合作体系。其次，应该加快推进城市产业结构升级，通过优势产业的发展带动和提升城市功能。最后，应打破行政区域封锁和市场分割，促进生产要素的流动和重组。在陇海铁路沿线，重点围绕西安都市区及宝鸡、杨凌、渭南等大城市的经济社会发展和职能强化，有效推进产业布局和产业结构的优化升级，建设能够参与国内外产业分工并辐射西北地区的高新技术产业带、先进制造产业带和现代服务产业带。

在渭北城镇带，加快优势资源开发步伐，促进以果畜蔬为主的农业产业化，积极发展服务于周围区域的商贸物流、旅游文化、金融保险、信息与咨询服务等行业。重视产业集群这种产业组织形式，根据各地区的优势产业试探创导集群，从而建立各地区的特色竞争优势。在产业整合的基础上不断通过城市职能的调整，使关中城市群形成分工合理、协调发展的局面。

具体而言，西安都市区应强化先进制造、科技教育、旅游文化、物流商贸、金融保险、信息服务等主导产业功能，以国际化大都市、中国创新型城市、陕西经济社会文化中心城市为建设目标。

宝鸡市应强化电子信息、装备制造、材料制造、食品制造、旅游商贸等主导产业功能，其建设目标为西部先进制造基地、交通枢纽城市、创新型城市和跨省域的旅游商贸中心。

杨凌市应强化农业科技教育、农技示范推广、新型农资及农业设施制造、生物工程技术、精细化工、装备制造和区域社会文化服务等功能，以建设中国农业科教城、先进制造基地、关中中西部政治社会文化中心城市为目标。

渭南应强化能源化工、有色加工制造、农产品加工、机械制造等产业功能和综合性社会文化服务功能，建设目标为陕西先进制造工业城市和跨省相邻地区经济中心。

铜川市应强化能源化工、建材及陶瓷、机械制造和食品、医药工业、旅游等主导产业功能，建成跨关中陕北的区域性经济中心城市、渭北中部和陕北南部经济社会文化中心。其他中小城市围绕中心城市在职能定位上协调发展（薛东前、段志勇等，2013）。

（三）建设关中城市群内的网络化基础设施

关中城市群的基础设施建设虽然有一定的基础，但远远不能满足该城市群拥有的发展潜能所需的承载能力，要结合城市群内各城市自身发展以及相互合作需要，继续在交通网络和通信网络这两大基础设施建设上下功夫，构筑开放、畅通和高效的基础设施，形成在空间上布局合理、便捷快速的网络化基础设施网络。按照优化结构、内连外通、提升运能的要求，以扩大规模、提升等级、强化枢纽、提高服务为重点，构建以西安为中心的多种运输方式协调发展的关中城市群多层次交通网络体系。通过网络支线建设和节点城市地位的巩固，加强城市群内部及其与外部的分工与合作，实现内部交通网络结构优化，形成与多层次综合交通网络协调发展的城市群空间形态。在以大交通轴线构建区域发展的空间框架的同时，还要注重建立区域多层次、网络型的次级发展框架，使城市群与多条发展轴线呈现出结构有机分明的网络型配置。

具体而言：首先，建立西安中心市区到关中各大中城市的快速交通线路；强化宝鸡、铜川等区域性城市交通枢纽的辐射带动作用，以这些城市为中心组织地方交通骨干网络；加强与周边省份主要省会城市的联系，建立西安与兰州、银川、成都、重庆等城市的快速交通干道。其次，在通信网络基础设施方面进一步完善本地电话网，加强三大网建设，构筑完整的网络体系；积极发展光传输骨干网络；大力发展接入网，加强公用信息交互平台建设。网络化交通和通信基础设施的建设，将促进关中城市群内部人口、货物、资金与信息等要素更大规模地流动，进而有利于关中城市群一体化发展与经济集聚效益的发挥，有利于整个城市群经济持续增长。

本章参考文献

Baldwin, R. E. and R. Forslid. The Corr – Periphery Model and Endogenous Growth: Stabilizing and Destabilizing Integration [J]. Economica, 2000 (67): 307 – 324.

Baldwin, R. E., P. Martin, and G. Ottaviano. Global Income Divergence, Trade and Industrialization: The Geography of Growth Take – off

［J］. Journal of Economic Growth，2001（6）：5 – 37.

Baldwin，R. E.，R. Forslid，P. Martin，G. Ottaviano and Robert – Iicoud. Economic Geography and Public Policy ［J］. Princeton University Press，2003.

Carlino，G. A. Increasing Returns to Scale in Metropolitan Manufacturing ［J］. Journal of Regional Science，1979（19）：363 – 373.

Futagami，K. and Y. Ohkusa. The Quality Ladder and Product Variety：Larger Economies May not Grow Faster ［J］. Japanese Economies Review，2003（54）：336 – 351.

Henderson，J. V. Efficiency of Resource Usage and City Size ［J］. Journal of Urban Economics，1986（19）：47 – 70.

Jones，C. Rand D – Based Models of Economic Growth ［J］. Journal of Political Economy，1991（99）：483 – 499.

Martin，P. and G. Ottaviano. Growing Locations：Industry Location in a Model of Endogenous Growth ［J］. European Economic Review，1999（43）：281 – 302.

Martin，P. and G. Ottaviano. Growth and Agglomeration ［J］. International Economic Review，2001（42）：947 – 968.

Ottaviano，G. and D. Pinelli. Market Potential and Productivity：Evidence from Finnish Regions ［J］. Regional Science and Urban Economics，2006（36）：636 – 657.

范剑勇. 产业集聚与地区差距：来自中国的证据 ［J］. 中国社会科学评论，2004，1（1）：34 – 45.

范剑勇，朱国林. 中国地区差距的演变及其结构分解 ［J］. 管理世界，2002（7）：87 – 92.

方创琳，宋吉涛，张蔷，李铭. 中国城市群结构体系的组成与空间分异格局 ［J］. 地理学报，2005（5）：827 – 840.

郝俊卿. 关中城市群产业集聚特征、机理及效应研究——以制造业为例 ［D］. 西北大学博士学位论文，2013.

刘晓霞，潘秋玲，王非，谢利娟. 基于区域整合理论的关中城市群发展研究 ［J］. 西北大学学报（自然科学版），2009，39（2）：317－320.

罗勇，曹丽莉. 中国制造业集聚程度变动趋势实证研究 ［J］. 经济研究，2005（8）：103－112.

任保平. 以西安为中心的关中城市群的结构优化及其方略 ［J］. 人文地理，2007（5）：38－42.

文玫. 中国工业在区域上的重新定位和聚集 ［J］. 经济研究，2004（2）：84－94.

薛东前，段志勇，贺伟光. 关中城市群工业分工协调及密集带规划研究 ［J］. 干旱区地理，2013，36（6）：1125－1135.

薛东前，姚士谋，张红. 城市群形成演化的背景条件分析——以关中城市群为例 ［J］. 地域研究与开发，2000，19（4）：50－53.

张思锋，牛玲，徐清梅，雍兰. 关中城市群城市等级结构及其发展思路 ［J］. 西安交通大学学报（社会科学版），2002，22（1）：25－33.

张妍云. 我国的工业集聚及其效应分析——基于各省工业数据的实证研究 ［J］. 技术经济与管理研究，2005（4）：98－110.

第六章　西安建设国家中心城市的
短板、途径与对策

　　立足"一带一路"倡议背景和《全国城镇体系规划纲要（2010～2020年)》的规划要求，西安迎来建设国家中心城市的重大战略契机。在2015年3月底公布的"一带一路"倡议纲领性文件——《推动共建丝绸之路经济带和21世纪海上丝绸之路的愿景与行动》中，明确表述要"打造西安内陆型改革开放新高地"。作为中部和西部地区的重要节点城市，西安具有悠久的历史文化和多朝古都的雄厚基础，是中部和西部地区重要的经济重心和交通枢纽，担负着国家中西部经济重心、交通枢纽、文化中心等重要功能。结合2009年国家发展改革委在《关中—天水经济区发展规划》中提出的要"加快推进西咸一体化建设，着力打造西安国家中心城市"这一重大战略方针与定位，西安要建设成为国家中心城市，必须走与北京、上海、广州、深圳和天津等国家中心城市差异化的发展道路，应该着重建设历史文化特色鲜明的国家中心城市。西安要面向未来摆脱靠历史吃饭的思维定式，更要放眼全球建成"一带一路"上重要战略节点城市。这就要求我们在梳理国家中心城市的相关理论研究和借鉴国际优势地区发展路径先进经验的基础上，系统分析西安的发展现状，科学研判西安建设国家中心城市的短板和差距，并寻求实现目标的可行路径。

一、国家中心城市的形成机制与路径分析

（一）国家中心城市的概念及内涵

从国外研究来看，由于国家中心城市的概念具有一定的中国特色，国外更多的是研究全球城市、世界城市等相关概念。因此，本书用世界城市的概念研究国家中心城市。世界城市是对国际政治、经济和文化生活具有广泛影响力、控制力的城市，其主要标志和突出特点是具备或部分具备全球经济中心、决策与控制中心、科学文化和信息传播中心、交通运输中心等方面功能，具体体现在经济发展水平、国际集散程度、基础设施水平、社会和自然环境等方面都有很高的水平。英国城市与区域规划学家盖德斯（1915）在《进化中的城市》一书中最早提出世界城市的概念，并将其定义为"世界最重要的商务活动的绝大部分都须在其中的那些城市"。英国地理学家彼得·霍尔（1966）在《世界城市》一书中通过分析和比较国家跨国公司的区位偏好和角色，研究了具有战略控制地位的世界城市，认为世界城市是指那些已对全世界或大多数国家发生全球性经济、政治、文化影响的国际第一流大城市。其具备的特征包括：主要的政治权力中心、国际贸易中心、主要金融中心、人才集聚地、信息集散地、人口中心、娱乐业发达，并对伦敦、纽约、东京等七个城市进行了具体分析，从而真正开启了对现代世界城市的研究。

20世纪80年代以来，西方学者在新国际劳动分工理论基础上，结合跨国公司的公司决策行为和影响力，探讨了世界城市问题。美国经济学家科恩（1981）在《新的国际劳动分工、跨国公司和城市等级

体系》一文中提出"全球城市"（Global City）的概念。他认为"全球城市"是新的国际劳动分工的协调和控制中心，并运用"跨国指数"和"跨国银行指数"两个指标分析若干城市在经济全球化中的作用，结果表明，只有纽约、伦敦、东京属于"全球城市"。约翰·弗里德曼（Friedmann，1986）提出"世界城市假说"的理论，并进一步提出了18个核心和12个半外围的世界城市的等级结构和布局（1995）。弗里德曼的世界城市等级理论建立在新的国际劳动分工基础上，认为城市与世界经济相融合的形式与程度，以及新的空间劳动分工分配给城市的职能，将决定城市发生的所有空间结构。他根据企业总部和大银行的位置划分世界城市，把世界城市的特征概括为：主要金融中心；跨国公司的总部（包括地区性总部）、国际化组织、商业服务部门的高速增长、重要的制造中心、主要交通枢纽和人口规模。萨森（Saskia & Sassen，1991）根据生产者服务业来鉴别世界城市，认为世界城市是发达的金融和商业服务中心，具有协调过程的节点和特殊生产基地的双重作用，所生产的产品是高度专业化的服务和金融产品。由于城市中大量生产者服务业的集中，这些城市逐渐成为"全球性服务中心"，研究结果表明，纽约、伦敦和东京三个城市是典型的代表。

20世纪90年代以来，基于科技革命所产生的信息网络的影响，卡斯蒂尔斯（Castells，1996）从"节点城市"（Node City）对"世界城市"做了研究，认为世界城市是在全球城市网络中将高等服务业的生产中心和消费中心与它们的辅助性社会连接起来的点。虽然国外对世界城市概念的界定和研究方法上在不同时期存在差异，但对世界城市有了清晰的认识。

国外对世界城市的功能主要从经济控制、全球生产的管理和控制中心、全球信息中心、政治和文化中心方面进行了研究。经济功能是拥有全球经济控制能力，这种控制能力主要来源于聚集其中的跨国企业和跨国银行总部，因此金融中心、管理中心成为世界城市最重要的经济功能。Reed 研究了美国金融中心的等级体系和演变过程以及全球金融中心体系，并进行了划分。Budd 和 Whimster（1992）、Lee 和 Schmidt – Marwede（1993）、Drennan（1996）、Meyer（1998）等也分别对国际金融中心的形成机制和分类等问题进行了研究，大多数学者将纽约、伦敦、东京划分为全球性金融中心。Friedmann 与 Wolff 认为，世界城市的经济从制造业向生产者服务业和金融业快速转移是全球化的空间表现，并认为世界城市的形成过程是"全球控制能力"的生产过程。随着科技革命的发展，世界城市成为全球信息网络的主要节点，发挥着全球的信息中心的作用和功能。Castells（1996）认为，世界上先进的通信网络是由全球性城市支配着的，巨型城市作为连接点在各种全球网络中不可或缺，具有极为重要的地位和作用。Drennan（1991）研究发现，美国的信息密集型公司趋向于将总部设置在全球城市。Malecki（2001）研究发现全球范围的网络信息空间在全球范围内的分布集中于世界城市。Hall（1966）认为，世界城市是主要的政治权力中心、国际最强势政府和国际商贸等全球组织的所在地，要有政治和文化中心的功能。

从国内研究看，国内正式提出国家中心概念是在 2005 年，建设部根据《城市规划法》编制全国城镇体系规划时，提出国家中心城市为北京、天津、上海、广州、香港。但是，这一概念的提出并没有引起广泛的研究。直到 2010 年 2 月，在城乡建设部编制的《全国城镇体系规划（2006～2020 年）》中，首次提出了中国大陆地区（不包含港澳台）北京、上海、天津、广州和重庆为我国其他中心城市。在 2010 年明确了我国其他中心城市后，对于国家中心城市的研究既是理论研究的新起点，也是实践探索的新起点。

（1）中心城市、国家城市等级体系、世界城市网络体系是国家中心城市的三个主要理论来源。段霞（2002）和连玉明（2010）将世界城市或国际城市分为三个层次。核心层：纽约、伦敦、东京等世界城市或全球城市；次核心层：巴黎、新加坡和中国香港等跨国性国际城市；第三层：国家或地区中心城市，北京、上海属于此列。

（2）从全球化、信息化交互作用形成的全球城市网络的角度来界定全球城市或网络节点城市，由网络流量和影响范围决定节点城市的能级。国家中心城市与其他城市的区别仅仅在于节点功能和能级的差异，体现为全球连通性的大小。

（3）从国家城镇体系或重点城镇群规划的角度来界定国家中心城市。代表是"全国城镇体系规划"和"珠江三角洲地区改革发展规划纲要"。将一国范围内的中心城市划分为国家中心城市、区域中心城市、地区中心城市、县域中心城市（镇），国家中心城市处于金字塔等级的顶端。各城市争相要建设国家中心城市，一方面是提升城市的地位和功能，另一方面也是期待成为国家战略，优先获得资源配置。

（4）从市场选择和功能决定的角度来界定国家中心城市。一个城市究竟能不能成为国家中心城市，最终并不由政府规划说了算，也不是主观上想成就成，从根本上讲是市场选择的结果，核心问题是看这个城市是否具备国家中心城市的功能。

姚华松（2009）认为国家中心城市虽然带有一定的行政色彩，但更多涉及的是城市功能、地位与作用，对内是一国城市最高发展水平的代表，对外是一国参与全球经济循环的主要载体和重要平台。

朱小丹（2011）提出国家中心城市是在经济、政治、文化、社会等领域具有全国性重要影响并能代表本国参与国际竞争的主要城市。国家中心城市是一个国家综合实力最强、集聚辐射和带动能力最大的城市代表，通常是全国性或区域性的经济中心、政治中心、文化中心、科教中心和对外交往中心。

周阳（2012）认为，目前我国学术界对于国家中心城市的理解主要有四种观点：第一，从世界城市体系的角度来界定世界城市，国家中心城市是其中的一个层级；第二，从全球化、信息化交互作用形成的全球城市网络的角度来界定全球城市或网络节点城市，由网络流量和影响范围决定节点城市的层级；第三，从国家城镇体系或重点城镇群规划的角度来界定国家中心城市；第四，从市场选择和功能决定的角度来界定国家中心城市。

综上所述，尽管学者们对国家中心城市尚未形成一个公认的定义，对其特征的表述也不尽相同，各种解释都出于不同的视角与侧重点，但其基本内涵还是比较清楚的。一般而言，国家中心城市是指那些在国际经济、政治、文化方面具有较强影响力、较大人口规模和集聚扩散能力的特大城市。它是全球经济活动的控制、协调和指挥中心，是经济全球化的空间产物。

（二）国家中心城市的功能

对国家中心城市功能的研究，学者们从不同研究视角提出基本统一的结论。国家中心城市的本质特征是拥有对全国或特定地区的控制能力。因此，经济、管理、交通、文化中心是国家中心城市最重要的功能。Friedmann（1986）指出，国家中心城市的形成过程是"国家控制能力"的生产过程，这种控制能力的产生取决于国际金融、企业总部、交通体系、高级商务服务等关键部门的快速增长。Sassen（1990）认为国家中心城市具有强大的生产和服务功能，这种服务功能还会随着全球贸易和投资的迅速增长使得对金融和其他服务业的需求变得强大而进一步壮大。一些学者从全球信息化的背景出发，指出国家中心城市作为全球信息网络的主要节点发挥着全球信息中心的功能和作用，还有一些学者通过研究揭示了国家中心城市还具有政治和文化中心的功能。

综合学界的观点，国家中心城市所具有的功能是综合性的，包括政治、经济、文化、社会各个方面，更具体到政治中心、金融中心、管理中心、制造中心、服务中心、信息中心、文化中心等，也正是因为国家中心城市功能的综合性，才使其拥有在全国或特定区域范围的影响力和控制力。

（三）国家中心城市的形成机制

1. 国家中心城市的崛起离不开所在区域的基础和支撑

世界城市的发展需要所在区域的强大支撑。任何一个国家中心城市，都不是一个真正意义上独立维持的个体，而是更多地体现为"国家中心城市—区域"这一空间形态。它是在全球化高度发展的基础上，以经济联系为基础，由国家中心城市及其周边腹地经济实力较为雄厚的二级城市扩展联合而形成的一种独特空间现象，是一种新的城市组织形式。国际经验表明，国家中心城市必须依赖于它所辐射的区域来汲取和释放"能量"，它的发展程度受所在区域的发展程度的推动或制约。经济实力越雄厚、腹地面积越大、经济基础越好、城市化水平和区域一体化程度越高的区域，越有可能产生经济能量高、辐射力强的中心城市，而当其辐射力和影响力扩大到整个区域乃至世界范围时，就会发展成为世界城市。巨型城市群或都市圈是国家中心城市经济、文化、政治的载体和基础，决定了国家中心城市在区域城市体系中的地位和作用。

2. 国家中心城市是中心城市与所在区域相互作用的产物

根据都市圈理论，集聚和辐射是世界城市及其所在区域（城市群、都市圈）发展和演进的重要机制。一般而言，在集聚与扩散两种力量的相互作用下，人口的向心迁移和离心迁移贯穿城市化发展的全过程。在城市化发展的不同阶段，核心城市的集聚与扩散的相互作用力不同，它与周边城市地区的关系也有很大不同。在集聚远大于扩散的城市化初级阶段，二者的关系更多地表现为中心对外围的要素"虹吸"和外围对中心的支持和服务，其结果是拉大了二者的发展差距。而在集聚与扩散并存甚至扩散大于集聚的城市化加速发展阶段，二者的关系更多地表现为中心与外围的"互动"。一方面，中心辐射带动周边发展，对整个区域发挥着产业传导、技术扩散、智力支持、区域服务和创新示范等带动作用；另一方面，周边对中心则发挥疏解人口压力、承接扩散产业、提供生态屏障、基础设施共建、扩张发展空间等作用。可以说，世界城市是中心城市与周边地区相互作用的产物，是在与周边城市（地区）分工、互补、相互推动下，逐步由地区性城市、国家中心城市、区域性国际城市发展到全球性世界城市。

3. 国家中心城市是所在区域的核心中枢、科技先导和增长引擎

纽约、东京、伦敦、巴黎等世界城市及其大都市圈发展历程虽然各具特色，但在其形成和演进过程中，都经历了"核心城市壮大"、"单核心都市圈建成"、"多核心都市圈合作发展"、"大都市圈协调发展"四个阶段，显示了世界城市及其大都市圈由小到大、由低级向高级发展的基本历程。在世界城市与所在大都市圈形成、发展、壮大的过程中，作为核心城市的世界城市，始终发挥着主导、核心和带动作用。

（1）中心城市向服务经济转型，促进单核心都市圈形成。在城市化发展的初期，由于中心城市强大的集聚作用，产业和人口不断由周边地区向核心城市集聚。当核心城市规模达到一定程度时，因城市内部高密度集聚和空间有限性之间的矛盾带来各种"大城市病"（集聚不经济），于是出现了产业和人口向外扩散的内在动力和发展态势。这种要素和产业的疏散，在空间上表现为沿主要交通轴线圈层状的蔓延，既保证了核心城市本身规模的适度和产业结构的优化，又加速了周边地区的发展，并与次一级的中心城市融合形成更大一级的都市圈。显然，正是中心城市的集聚效应以及率先实现产业升级，通过产业、功能的向外扩散和疏解，促进了都市圈内的产业分工格局和城市功能分工体系的形成。萨森（1994）认为，国家中心城市是经济全球化驱动下生产空间分散式集中和全球管理与控制的结合，代表了一种特定历

史阶段的社会空间。全球城市不仅是全球性协调的节点，更重要的是全球性生产控制中心，因此应当更加重视全球城市的生产者服务（Producer Service）功能，因而中心城市是都市圈形成发展的核心力量。

（2）中心城市向创新经济转型，促进多核心都市圈合作发展。在由单中心都市圈向多核心都市圈发展演进过程中，国家中心城市的创新活动起着关键性、决定性作用。中心城市的创新活动，首先是中心城市新产业不断涌现或占据产业的高端部分，中心城市向周边城市的产业转移加快，不但转移资本密集型的制造业，也将标准化服务业向周边转移，并就非标准化知识（稀缺资源）与周边展开竞争，形成在创新驱动下的都市圈专业化分工体系。

从世界城市的发展路径来看，一种形式是在跨国公司和国有公司的地方化需求驱动下，在中心城市的边缘地区形成新的城市形态，它与中心城市实现数字化连接，逐渐成长为大都市区边缘的新增长中心（Sassen，1994）。新增长中心的出现，又会吸引相关产业的聚集，从而增加新增长中心的聚集经济利益。在新增长中心的周边形成次级的"中心—外围"结构，中心的辐射能力不断向更远的周边扩散，把更远的周边区域变成中心的腹地区域，这是单个中心在点上不断扩大的过程。另一种形式是两个或两个以上距离很近的增长中心，在不断扩展的过程中，把对方的周边纳入自己的范围，使周边在两个或两个以上辐射源的带动下形成分工深化，这些中心逐渐融合成一个更大的经济增长中心。增长中心由一个点变成一个面，这个面的辐射能力更强，更能抵挡外部对增长中心发展的不利因素，从而将更大范围的周边纳入自己的辐射范围，形成更大的"中心—外围"结构。

（四）国家中心城市的指标体系及等级分类

Friedmann（1986）提出了衡量国家中心城市的7项指标，即跨国公司总部所在地、主要金融中心、重要制造业中心、重要交通枢纽、国际性机构的集中度、服务部门的快速增长、人口规模达到一定标准。1995年，Friedmann在原有衡量指标的基础上，按照城市所连接的经济区域的大小对国家中心城市重新做了划分（见表6-1）。

表6-1 Friedmann的"国家中心城市"层级

层级	城市
第一层级	纽约、伦敦、东京
第二层级	巴黎、法兰克福、迈阿密、洛杉矶、阿姆斯特丹、新加坡、马德里、苏黎世、墨西哥城、悉尼、圣保罗、首尔
第三层级	休斯顿、芝加哥、西雅图、旧金山、大阪、神户、波士顿、温哥华、多伦多、蒙特利尔、巴塞罗那、中国香港、米兰、里昂、莱茵—鲁尔、慕尼黑

数据来源：Friedmann（1995）。

之后，又有多位学者及科研机构对国家中心城市的评价指标及等级划分做过研究。Thrift在Friedmann的研究基础上，更加强调国家中心城市的服务功能，他选择了公司总部数量和银行总部数量两个指标界定国家中心城市等级，即全球中心、洲际中心、区域中心。Gottmalm（1989）提出了人口、知识产业和政治权力中心这三大指标来界定国家中心城市。伦敦规划咨询委员会（1991）从财富创造能力、基础设施、增加就业和收入、提高生活质量四个方面来考虑对国家中心城市进行比较和分类。Knox（1995）从功能角度提出了国家中心城市的三个界定标准，即跨国商务活动、国际事务和文化聚集度。跨国商务活动由入驻城市的世界500强企业数来衡量；国际事务由入驻城市的非政府组织和国际组织数来衡量；文化集聚度由该城市在国家中的首位度来衡量。Beaverstoek、Taylorp等（1999）依据会计、金融、法律和广告四种服务业总部和分支机构在城市的分布状况来评定国家中心城市的等级。

　　国内学者也设计了相应的指标体系来对国家级中心城市进行定量评价，周晓津（2010）用主成分分析法和层次分析法（AHP）分别评价了其他中心城市的金融服务功能强弱。但研究者的目的不同，具体的指标设定也有差异，屠启宇（2009）构建了一个由目标性和路径性指标群组成的后发城市建设世界城市的指标体系，段霞（2011）采用四级量表打分法对 31 个全球城市进行评价，陆军（2011）采用层次分析法比较分析了 39 个世界城市的发展水平。尽管不同学者对衡量国家中心城市的具体指标提出了不同的见解，也相应得出了不同的国家中心城市等级分类体系，但大多数学者对于处于国家中心城市体系顶端的城市意见比较一致。

（五）典型的国家中心城市形成路径

　　无论学界如何设定国家中心城市的衡量指标来对国家中心城市进行等级的划分，纽约、伦敦、巴黎、东京都处于国家中心城市的最高层级。下面对这四个国家中心城市的形成与发展路径进行简要的分析和概括，以期找出国家中心城市形成与发展的一般性规律。

　　1. 纽约——资金技术主导型

　　纽约作为世界城市，与其所在的纽约大都市圈形成了合理的地域分工格局。纽约是"波士华"城市群的核心，是世界经济金融中心，许多国际集团总部设在纽约市。费城是该城市群的第二大城市，重化工业发达，是重要钢铁、造船基地和工业中心。波士顿有哈佛大学和麻省理工学院，是文化教育中心和科技中心，微电子工业比较突出。华盛顿是政治中心，市区人口中的一半是受联邦政府雇用的官员和服务人员。纽约港是美国东部规模最大的商港，主要以发展集装箱运输为主，是港口群的枢纽；费城港主要以近海货运业务为主；巴尔的摩港则是矿石、煤和谷物等大宗商品货物的转运港；波士顿港既是商港又是渔港，主要以转运地方产品为主。这些港口通过分工，形成了一个分工合理、运营高效的美国东海岸港口群。纽约都市圈区内经济发展很大程度上得益于金融和技术的支持。金融中心为其提供灵活便利的资金保证；强大的科研机构为地方产业发展提供极强的科技支持。资金和技术两个重要的生产要素的支持，使得区域经济全面高速地发展。

纽约国家中心城市的形成，起步于航运中心，逐步成为地区性贸易中心，第二次工业革命后，已经比较繁荣的纽约制造业得到了进一步的高速发展，使纽约成为制造中心。而后纽约逐步将实物交易转变为虚拟资产交易模式，成为投资中心、金融市场，以及公司总部聚集地，随着城市对全球经济控制力的不断增强，成为国家中心城市。归纳来看，纽约国家中心城市的形成经历了这样一条路径：航运中心（交通枢纽）→地区性贸易中心→制造中心→金融中心→综合服务中心→国家中心城市。

2. 伦敦——市场主导型

市场主导型世界城市是世界城市的原发模式。在全球化的经济中，世界范围的产业通过全球网络发挥作用，跨国公司进行分散生产，但所有权的集中导致管理的集中。生产的空间分散与经济行为的全球整合，二者的结合促使主要城市产生新的战略角色。在世界经济中，全球资本在具备产生全球控制能力的基础设施和服务的城市里集中，使得这些城市成为世界经济中的协调和控制中心，进而演变为世界城市。市场主导型世界城市的全球控制和协调能力是全球资本在市场运行过程中自然形成的，以市场为主要动力。伦敦国家中心城市的形成得益于英国的工业革命，此前英国就具有强大的航运实力和对外贸易政策，一系列工业技术的创造发明，促使伦敦生产规模迅速扩大，成为重要的产品制造基地。之后，伦敦凭借英国政治中心的地位，金融贸易迅速膨胀，成为对世界政治经济具有极大影响力的产品货物集散基地、资金融通、信息汇集中心，顶级国家中心城市的地位也在实力的不断扩张中逐步形成。归纳来看，伦敦国家中心城市的形成经历了这样一条路径：航运中心→产品制造基地→国际贸易/金融中心→国家中心城市。

3. 巴黎——工业化推动型

巴黎是欧洲的文化艺术中心，一直引领着欧洲的文化潮流，在四次大规模的革命中，巴黎的工业化进程不断推进，使得其经济实力逐步增强，铁路网建设使其成为当时重要的世界交通枢纽。城市化的脚步也在工业化的过程中不断加快。产业革命之后，巴黎成为财富、人口、权力的集聚地，商业、手工业都非常发达，依靠良好的区位条件，对外贸易不断扩大，巴黎成为世界的经济中心。归纳来看，巴黎国家中心城市的形成经历了这样一条路径：欧洲政治/文化中心→国际交通枢纽→生产制造中心→国际贸易/经济中心→国家中心城市。

4. 东京——政府主导型

政府主导型世界城市主要依托国家崛起因素和依靠政府力量的规划推动模式，政府关心的是世界城市对国家发展的作用，将世界城市作为国家经济和政治成功的空间标志，政府往往重视对世界城市所在都市圈的规划，推动大都市发展，东京属于这种模式。"二战"后日本经济高速发展，主导力量集中在日本西部的西海岸，大量的资本和劳动力涌向这里，产业也主要集中在太平洋沿岸，集聚了大量的来自世界各地的产业类跨国公司总部。政府在提出建设都市圈的概念后，从20世纪50年代末开始，对日本的首都圈建设先后一共制定了5次首都圈基本规划，1999年的规划是现在最近的一次规划，提出到2015年在东京都市圈内形成"分散网络结构"。政府主导、统一规划，系统地推进了东京世界城市建设。

东京国家中心城市的形成，得益于中央集权的财政政策和党、政、财一体化的政治体制。东京自建都起，就被定为国家首都，拥有着本国政治中心的地位。伴随着产业革命，资本、人口的集中，东京逐渐由本国政治中心、文化中心向经济中心转移。"二战"后，东京在优先发展重化工业的基础上，不断引进资金和技术，大力发展家电制造业，逐步占领国际市场，加速工业现代化进程，与此同时，不断加强交通建设，积极参与国际竞争，成为国家中心城市。归纳来看，东京国家中心城市的形成经历了这样一条路径：国家政治/文化中心→国家经济中心→生产制造中心→经济控制中心→国家中心城市。

（六）国家中心城市形成路径分析

国家中心城市的形成是一个累进且复杂的过程，每个国家中心城市都是在既受到全球化、信息化、国际化大趋势的影响，又充分发挥自身独特优势的前提下形成和发展起来的。国家中心城市的形成受益于国际化背景、国家在国际政治和全球经济中的地位，国家中心城市的发展又进一步提升了本国的国际地位和竞争力。国家中心城市的形成与所在国家或地区经济高速发展密切相关，同时也与其在世界经济发展中地位的不断提高有着内在联系。每一次新技术革命到来和世界经济进入新一轮高速增长时期，必然会在世界经济增长最快的地区出现一批颇具实力的城市，并连绵成城市群。巨大的经济能量所产生的积聚和辐射作用，使得城市群中规模最大、实力最强的中心城市发展成为具有国际影响力的国家中心城市。

从纽约、伦敦、巴黎、东京这四个公认的国家中心城市的形成历程来看，"城市化、工业化、信息化、国际化"是其整体的城市发展演变过程，也显示出发达国家的城市建设过程。更进一步来看，这些国家中心城市形成，起步都是以交通枢纽为基点，拥有良好的地理位置、天然的出海口这些优越的条件，城市交通由航运中心逐步发展成为发达便利的水陆空交通网络，使其成为货物交易集散地，地区性贸易中心。随着工业化的到来，各国的劳动生产率得到了大幅度的提高，先后成为生产制造中心，生产中心使得各大城市经济实力猛增。生产规模的逐步扩大，驱动这些城市将生产产品出口国外，依靠便捷的交通占领国际市场，增强国际影响力，国际贸易发达，成为国际贸易中心。金融服务业也在制造业迅速扩大之时应需发展起来，国际资本的流动要求金融服务能力提高、金融市场开放，金融产业快速发展，使城市成为国际金融中心。进入后工业化时代，由于生产、资本的全球化，生产被分散到世界各地，制造业中心和金融中心逐步分离，而跨国公司总部、跨国银行总部及一些国际组织逐步向国际金融中心集中，城市金融、保险、会计、法律等服务业迅速发展，让城市变为现代服务中心，管理、控制、影响着世界经济的发展，形成国家中心城市。

二、西安与主要国家中心城市的比较

国家中心城市的基础框架包含四点：一是发展水平杰出，拥有雄厚的经济实力和现代化的基础设施；二是开放程度高，国际要素在经济、文化及社会中发挥主要作用；三是辐射范围广，是跨国生产、贸易、文化活动的枢纽；四是成长速度快，要素的国际化水平不断提高，中心功能不断加强。为了研究西安建设国家中心这一目标，本书将首先着眼于全球的国家中心城市，然后立足于我国的国家中心城市，由此比较得出西安建设国家中心城市面临的主要问题。

（一）西安与世界国家中心城市的比较

1. 总量水平

按照购买力平价计算的地区生产总值显示，2011 年西安的经济总量相当于墨西哥城的 14%、布宜诺斯艾利斯的 21.5%、大阪的 23.8%、中国香港的 27.6%、首尔的 30.8%、新加坡的 31.9%、孟买的 32.6%、曼谷的 37.9%、圣保罗的 51.5%、吉隆坡的 52.2%、中国台北的 58%，经济总量与主要国际化大都市存在不同程度的差距。西安对国家经济的贡献不到一个百分点，影响力极其有限。虽然建成区面积和人口规模居中，但人口密度明显偏低，表明人口集聚能力有限（见表 6-2）。

表 6-2　2011 年西安与世界主要中心城市总量水平比较

城市	GDP（PPP）（亿美元）	对国家或地区 GDP 的贡献率（%）	建成区面积（平方千米）	人口（万人）	人口密度（人/平方千米）
西安	1003.6	0.8	415.0	791.8	783.0
曼谷	2649.1	44.0	1568.7	980.0	5801.0
首尔	3263.7	21.0	605.8	1044.8	17261.0
大阪	4218.4	9.5	222.4	266.5	11981.0
中国台北	1729.0	38.0	271.0	800.0	9861.0
墨西哥城	7145.1	43.0	1485.0	1850.0	5960.0
孟买	3075.9	6.9	603.0	1392.0	21880.0
新加坡	3149.1	100.0	710.0	531.2	7315.0
中国香港	3640.0	100.0	1104.3	713.6	6544.0
圣保罗	1950.1	8.5	8051.0	1101.7	7233.0
布宜诺斯艾利斯	4662.9	59.0	4758.0	1713.0	14946.6
吉隆坡	1923.3	43.0	243.6	147.5	6071.1

注：表中城市均为大都会地区，西安包含 9 区 4 县。

数据来源：西安市统计局，国家统计局西安调查队. 西安统计年鉴（2012）［Z］. 北京：中国统计出版社，2012；世界银行；IMF 数据库；巴西地理统计协会（IBGE）；IMF：Report for Selected Countries and Subjects。

2. 人口结构

根据 2011 年西安就业及老龄化人口结构的数据分析，服务业就业人口占总就业人口的 45%，其中金融业就业人口占比仅为 1.3%，相对于国际化地区比重偏低，且尚未表现出产业高端化发展的趋势；外籍人口比重为 0.076%，国际移民人口比重很小，反映了开放程度和所处的国际地位不高。相对而言，西安老龄化程度低于世界上的国际化地区，说明人口充满活力（见表 6-3）。

表 6-3　2011 年西安与世界主要中心城市的结构特征比较

城市	服务业就业比重（%）	服务业内部金融业就业比重（%）	外籍人口比重（%）	大于 65 岁人口比重（%）
西安	45	1.3	0.076	8.46
首尔	80	19.7	2.3	11
中国台北	80.5	15.7	8.4	10.9
中国香港	88.5	19.3	7.7	12.06
墨西哥城	90	4.6	22.8	13.6
新加坡	79.4	9.2	37	10
曼谷	54	13	50	9.8
布宜诺斯艾利斯	87	17	20	22
孟买	66	12	—	7.6

数据来源：西安市统计局，国家统计局西安调查队．西安统计年鉴（2012）［Z］．北京：中国统计出版社，2012；屠启宇．金字塔尖的城市（2007）［M］．上海：上海人民出版社，2007；西安市 2010 年第六次全国人口普查主要数据公报；2011 年香港年报；维基百科。

3. 城市现代化水平

摩天大楼集中体现了城市的现代化水平（建筑设计、结构技术、工程技术、管理水准），是构成城市天际线的关键要素，经济动因是土地的集约利用和商业的集聚效应，勾勒了城市的繁荣景象。相比主要国际大都市，西安天际线冲击力很渺小（见图 6-1），居全球第 89 位，在越南胡志明市和韩国蔚山市之间。西安高于 90 米的建筑数量仅相当于中国香港的 1.5%、曼谷的 9%、新加坡的 11%、首尔的14.7%、圣保罗的 15%、墨西哥城的 39%（见表 6-4）。

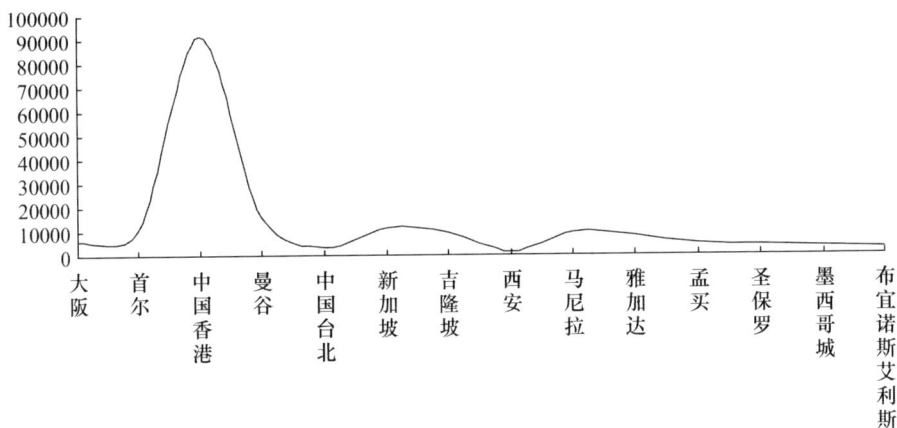

图6-1　西安与主要国际大都市天际线的比较

数据来源：根据 The World's Best Skylines 整理得到。

　　2011年西安轨道交通（主要是地铁）里程是中国台北的17.8%、香港的9.5%、首尔（2006年）的5.7%；每千人拥有医生数量达到国际水准；排水管道密度为9.74千米/平方千米，相当于首尔的67%、中国台北的59%、中国香港的47%（见表6-4）。地下排水系统被称为"城市的良心"，最能体现城市规划和建设的现代化水平。西安地下排水系统主要组成部分是水泥排水涵管，先进的国际大都市地下排水系统是专门的地下水道，地处热带的新加坡从未发生过内涝原因是在城市建设之初就规划好排水系统。

表6-4　西安与世界主要中心城市现代化水平的比较

城市	轨道交通里程（千米）	高度超过90米的建筑数量（个）	排水管道密度（千米/平方千米）	每千人拥有医师数（人）
西安	20.5	47	9.74	2.3
首尔	347.5	319	17	1.5
中国台北	114.6	121	16	4.0
中国香港	214.5	3124	20	1.5
新加坡	148.9	413	43	6.4
曼谷	136.0	513	——	——

4. 全球联系程度

主要国际化大都市全球联系指数均在0.3以上（大阪除外），全球联系程度超过0.4的大都市依次是新加坡、中国香港、首尔，西安最低，仅为0.227（见图6-2）。西安对外经济、政治影响力小。截至2013年7月总部设在西安的世界500强企业为零；到2012底西安只有韩国和泰国两家外国领事机构，是中国香港的1%；举办高层次国际会议次数只相当于新加坡的10%、曼谷的14%、圣保罗的19%（见表6-5），国际知名度和国际交往能力有待提高。

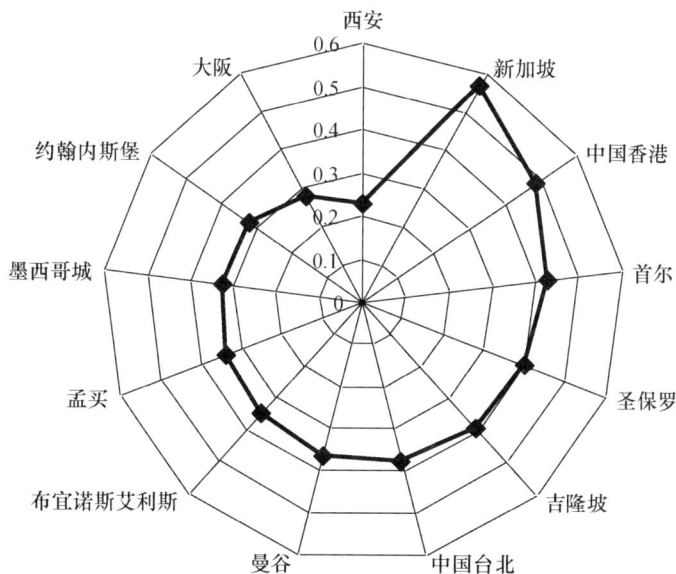

图6-2 主要国际大都市全球联系指数雷达图

数据来源：GUCP. 全球城市竞争力报告（2011~2012）[M]. 北京：社会科学文献出版社，2012.

表6-5 西安与世界主要中心城市政治、经济影响力比较

城市	举办国际会议次数（2012年）	世界500强企业总部（2013年）
西安	15	0
新加坡	150	2

城市	举办国际会议次数（2012年）	世界500强企业总部（2013年）
吉隆坡	69	1
曼谷	105	1
中国台北	80	4
大阪	11	7
孟买	19	6
首尔	100	10
墨西哥城	52	3
圣保罗	77	6
中国香港	96	4

数据来源：ICCA Country and City Ranking Measured by Number of Meetings Organized in 2012；《财富》世界500强情报中心。

5. 金融服务业发展水平

金融业发展成为国际化大都市的标志之一，城市控制全球金融资本的能力最终决定了城市的国际化等级，IFCD报告未将西安作为样本城市，西安距离国际金融中心很远（见表6-6）。截至2011年底，中国香港拥有199家境外银行，此外有61家外资银行在香港设有办事机构；新加坡是全球第四大外汇交易中心，拥有超过500家本地或外国金融机构；布宜诺斯艾利斯和圣保罗是拉美的金融中心，一些国际著名银行驻巴西总部和国内各大银行的总部均设于圣保罗，圣保罗证券交易所（BOVESPA）和期货交易市场（BM & F）是拉美最大的证券交易所和期货交易市场；首尔拥有所有国际性银行的分支机构、韩国各大银行总部。

表6－6　部分参照城市国际金融中心地位

城市	IFCD	全球排名
中国香港	72.18	4
新加坡	64.11	5
首尔	38.2	24
孟买	34.6	30
中国台北	33.9	36
大阪	33.8	37
布宜诺斯艾利斯	26.17	42
圣保罗	25.92	43
约翰内斯堡	22.36	45

数据来源：新华—道琼斯国际金融中心发展指数（IFCD）报告（2012）。

（二）西安与国内其他中心城市的比较

国家中心城市所处的中心、节点和枢纽等关键位置，决定了它具有多样性的综合功能，可以概括为控制管理、协调辐射、城市服务功能。

1. 控制管理功能

国家中心城市应当具有显著的资源配置功能和管理决策功能。这种对区域经济的控制和管理能力，一般通过指挥控制中心、创新中心和商贸中心来反映。本书基于数据收集的可行性，用R&D支出占GDP比重（％）、专利授权量（件）、每万人大学生数量（人）、社会消费品零售总额（亿元）、客货运总量和银行贷款余额（亿元）等指标考察。

在2014年西安每万人大学生有1157人，仅仅落后于广州的1209.96人，是北京的4.19倍，是天津的3.42倍，是上海的5.54倍，是重庆的5.27倍（见图6－3）。然而就科技创新成果来看，2016年西安专利授权量仅为38279件，而同期北京为100578件，是西安的2.63

倍；上海为 64230 件，是西安的 1.68 倍；天津为 39700 件，是西安的 1.04 倍；重庆为 42700 件，是西安的 1.11 倍；广州为 48313 件，是西安的 1.26 倍。在高新技术企业数方面，西安有 1506 家，高于重庆的 1443 家；上海为 2306 家，是西安的 1.53 倍；广州为 4740 家，是西安的 3.15 倍；天津为 3265 家，是西安的 2.17 家（见表 6-7）。

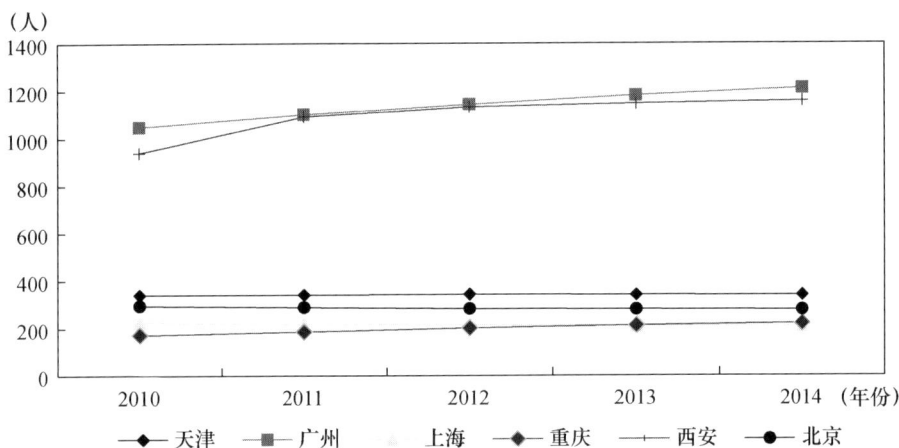

图 6-3 2010～2014 年西安与国内其他中心城市的每万人大学生人数比较

表 6-7 2016 年西安与国内其他中心城市的科技实力比较

科技能力	北京	上海	广州	天津	重庆	西安
专利授权量（件）	100578	64230	48313	39700	42700	38279
R&D 占 GDP 的比重（%）	5.94	3.80	—	—	1.7	—
高新技术企业个数（家）	—	2306	4740	3265	1443	1506

在银行贷款余额方面，2011～2014 年，西安在六个城市中，排名倒数第一。以 2014 年为例，西安的银行贷款余额分别仅为天津、广州、上海、重庆和北京的 50.24%、48.15%、28.90%、58.31% 和 25.71%（见图 6-4）。在客运货运方面，以 2014 年为例，西安的客

运量 25719 万人次，超过了上海的 17560 万人次和天津的 19599 万人次，但仅为北京的 35.86%、广州的 26.22% 和重庆的 35.86%。西安的货运为 42039 万吨，高于北京的 29518 万吨，但仅为广州的 43.54%、重庆的 43.21%、上海的 46.53% 和天津的 82.51%。西安的机场客运吞吐量为 2926 万人次，超过了天津的 1383 万人次，但仅为广州的 53.4%、北京的 43.3% 和上海的 64.7%。西安的机场货运邮行吞吐量为 19 万吨，仅为广州的 10%、北京的 12.75%、上海的 5%（见表 6 - 8）。

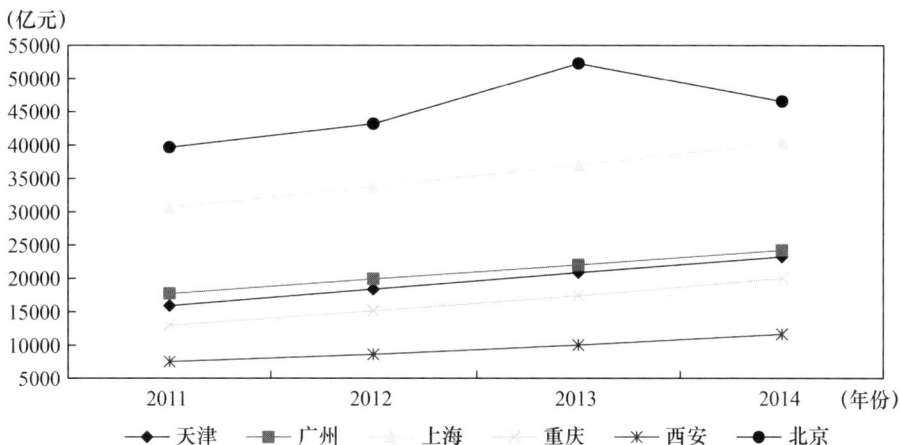

图 6 - 4　2011～2014 年西安与国内其他城市的银行贷款余额情况比较

表 6 - 8　2014 年西安与其他城市客运货运情况比较

城市	客运量（万人次）	货运量（万吨）	机场旅客吞吐量（万人次）	机场货运邮行吞吐量（万吨）
广州	98062	96553	5479	190
重庆	70056	97286	2973	30
北京	71715	29518	6752	149
西安	25719	42039	2926	19
上海	17560	90341	4522	361
天津	19599	50948	1383	7

与此同时，社会消费品零售总额，在六个城市中，西安处于倒数第一位，其差距于 2006 年逐步拉大。2014 年，西安的社会消费品零售总额为 3093.891 亿元，而北京为 9098.1 亿元，是西安的 2.94 倍。上海为 8718.7 亿元，是西安的 2.82 倍。广州为 7144.4503 亿元，是西安的 2.31 倍。天津为 4738.7 亿元，是西安的 1.53 倍。重庆为 5096.2 亿元，是西安的 1.64 倍（见图 6-5）。

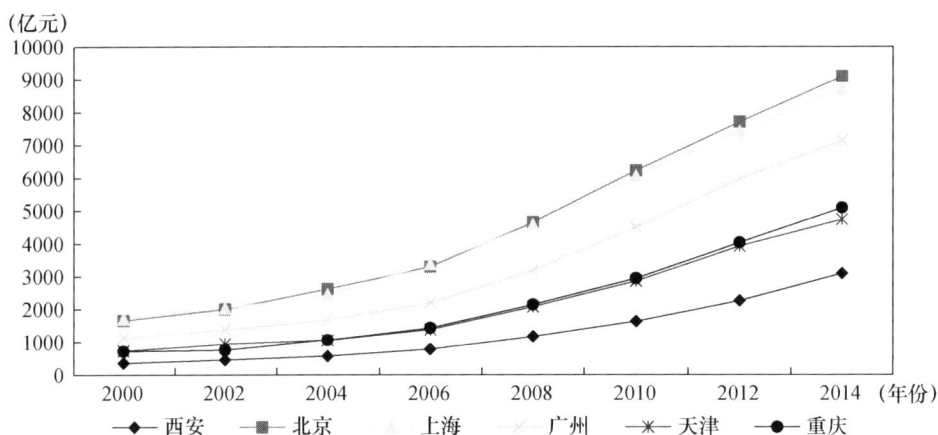

图 6-5 西安与其他城市的社会消费品零售总额情况比较

2. 协调辐射功能

国家中心城市应当具有强大的协调辐射功能，通过有效组织区域间生产、交换和消费，协调经济活动，同时进行国际交流，辐射带动周边地区崛起。协调辐射功能可以通过区域增长中心、开放门户和政治中心来反映。其中，经济总量是衡量国家中心城市的重要指标，与其他五个城市比较，西安的经济总量最低，年均增长率较低。尤其是从 2004 年以后，西安市的 GDP 与其他中心城市的差距明显拉大（见图 6-6）。与此同时，需要注意的是，其他中心城市内部之间的 GDP 增长呈现出基本同步的态势，没有明显的差距扩大的趋势。这表明西安自 2004 年后发展后劲不足，也由此使得西安地方财政一般预算收入远远落后于其他中心城市（见图 6 - 7）。

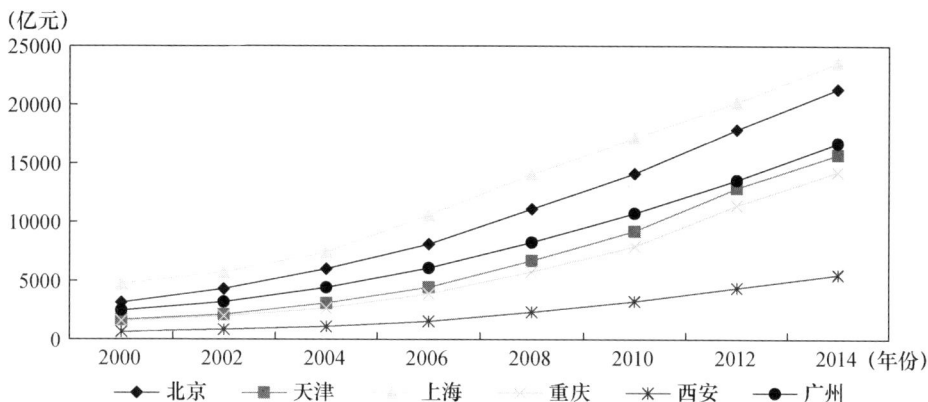

图 6 - 6 西安与其他中心城市的 GDP 情况比较

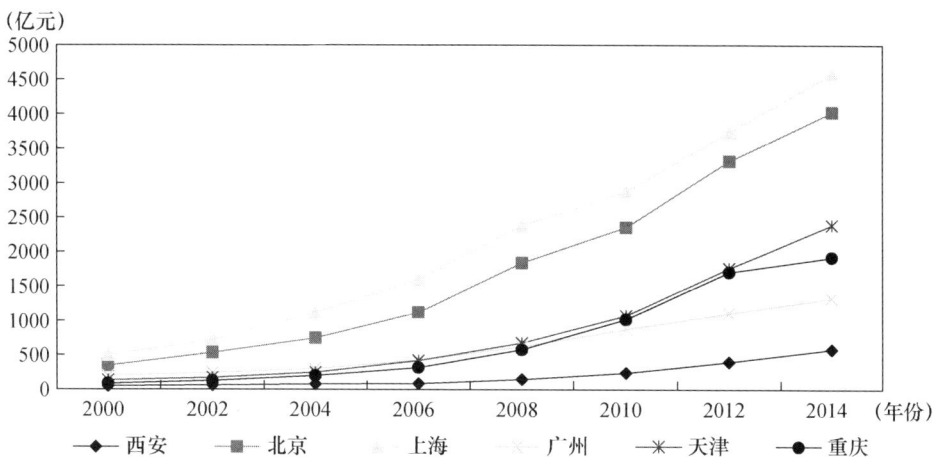

图 6 - 7 西安与其他中心城市的地方财政一般预算收入情况比较

工业规模小，集聚低。2014 年，西安的工业增加值 1523.12 亿元，而其他中心城市中，工业增加值最高的上海是 7362.84 亿元，是西安的 4.83 倍；天津 7079.1 亿元，是西安的 4.65 倍；广州 5070.63 亿元，是西安的 3.33 倍；北京 3746.8 亿元，是西安的 2.46 倍；重庆 5175.8 亿元，是西安的 3.40 倍（见图 6-8）。从支柱产业集聚水平看，近三年来，西安规模以上工业制造业集聚度最高的为汽车制造业（见表 6-9）。近年来，天津过 2000 亿元产业有 5 个，规模最大的装备制造业产值达到 1.02 万亿元。上海有 4 个，规模最大的电子信息达到 6486.35 亿元。广州有 3 个，规模最大的汽车达到 3346.84 亿元。北京有 3 个，规模最大的电力及热力生产达到 3018.06 亿元。重庆有 3 个，最大的汽车达到 2969.30 亿元（张璇，2016）。2002 年前，西安与其他中心城市在工业增加值的差距较小，但随后呈现出不断扩大的趋势，尤其是与上海和天津。同属于西部，2006 年前，西安市的工业增加值与重庆差距控制在一定的范围，但 2006 年后，重庆工业得到迅速发展，使得在工业产值方面，西安与重庆的差距呈现剪刀差式的拉大。

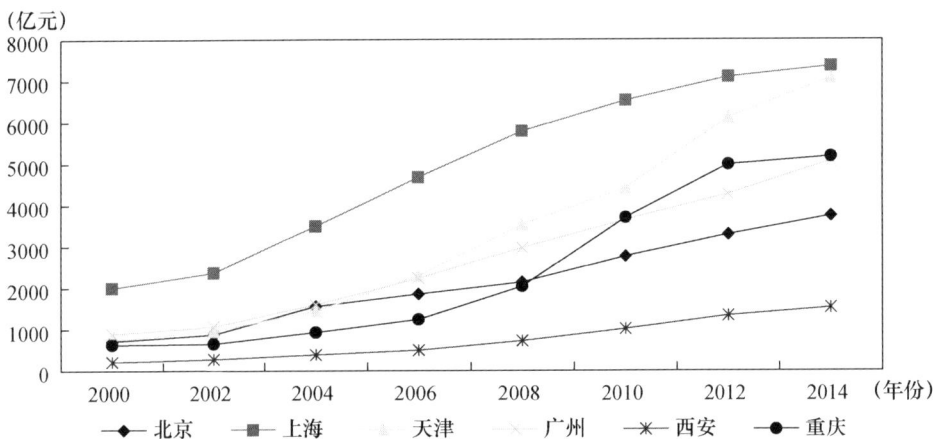

图 6-8　西安与其他中心城市的工业增加值比较

表 6 - 9　2013 ~ 2015 年西安规模以上工业产值

单位：亿元

行业	2013 年	2014 年	2015 年
总计	1194.88	1304.12	1285.08
黑色金属矿采选业	0.09	0.11	—
开采辅助活动	16.87	9.09	20.57
农副食品加工业	48.88	46.61	34.22
食品制造业	41.65	45.04	35.01
酒、饮料和精制茶制造业	31.29	30.84	34.63
烟草制品业	0.69	0.80	0.87
纺织业	5.13	3.32	7.36
纺织服装、服饰业	4.21	5.08	1.78
皮革、毛皮、羽毛及其制品和制鞋业	1.08	1.10	0.98
木材加工和木、竹、藤、棕、草制品业	4.46	4.90	4.53
家具制造业	1.75	2.00	2.57
造纸及纸制品业	4.50	5.48	2.28
印刷和记录媒介复制	22.42	24.92	23.56
文教、工美、体育和娱乐用品制造业	6.96	24.40	12.37
石油加工业、炼焦和核燃料加工业	47.63	40.58	8.74
化学原料及化学制品制造业	49.30	59.55	66.37
医药制造业	50.66	61.77	68.28
化学纤维制造业	2.97	3.14	3.7
橡胶和塑料制品业	16.36	16.18	16.83
非金属矿物制品业	50.10	55.76	30.33
黑色金属冶炼和压延加工业	19.10	11.86	6.7
有色金属冶炼和压延加工业	22.94	29.29	40.37
金属制品业	36.20	41.39	24.85
通用设备制造业	47.28	36.46	33.65
专用设备制造业	73.88	84.03	71.45
汽车制造业	168.35	168.84	164.74
铁路、船舶、航空航天和其他运输设备制造业	139.79	125.72	134.1
电气机械和器材制造业	92.18	114.04	129.6
计算机、通信和其他电子设备制造业	34.38	93.78	150.86

行业	2013 年	2014 年	2015 年
仪器仪表制造业	44.52	57.63	33.91
其他制造业	3.77	3.54	1.61
金属制品、机械和设备修理业	0.64	0.54	0.63
电力、热力的生产和供应业	89.39	76.90	95.42
燃气生产和供应业	10.88	14.29	16.69
水的生产和供应业	4.59	5.14	5.52

人口集中度较低。基于人口集中度的角度，从非农业人口规模这一绝对量来看，2014 年西安的非农业人口规模为 409.82 万人，同期北京 1065 万人，是西安的 2.60 倍；重庆 1344.05 万人，是西安的 3.28 倍；上海 1289.58 万人，是西安的 3.15 倍；广州 753.08 万人，是西安的 1.84 倍；天津 1003.97 万人，是西安的 2.45 倍（见表 6 - 10）。从年均非农业人口增幅来看，2011～2014 年，西安年均增长率 3.0%，小于重庆的 6.7%。与此同时，从相对量来看，西安的人口密度与北京相差不大，在 2014 年，在六大城市中排名第五，人口密度为 807.46 人/平方千米，好于重庆的 409.74 人/平方千米，但仅为上海的 35.6% 和广州的 71.2%（见图 6 - 9）。

表 6 - 10　2011～2014 年西安与其他中心城市非农业人口比较

单位：万人

城市	2011 年	2012 年	2013 年	2014 年
天津	984.85	996.44	993.2	1003.97
广州	722.15	732.28	744.03	753.08
上海	1254.95	1267.76	1280.82	1289.58
重庆	1107	1277.64	1317.25	1344.05
西安	374.64	391.31	398.4	409.82
北京	989.5	1013.8	1039.3	1065

（人/平方千米）

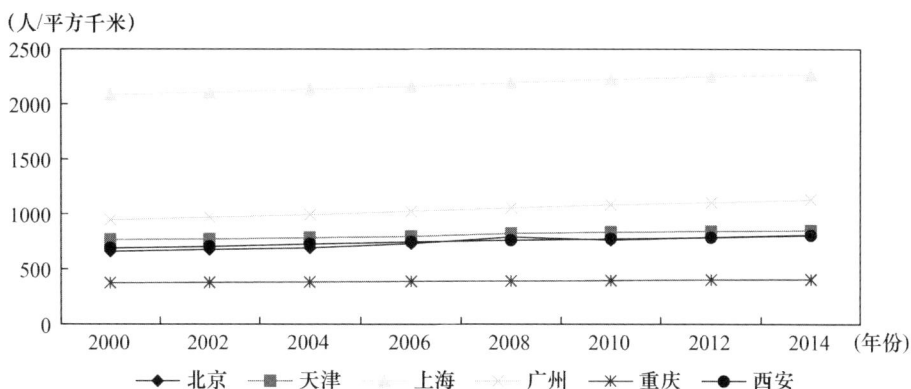

图 6-9　西安与其他中心城市的人口密度情况比较

与其他中心城市相比，西安市的国际影响力水平明显偏低，外向型经济薄弱（见表 6-11）。2016 年，西安市实际利用外资和进出口总额分别仅相当于上海市的 24%、6.4%。从入境旅游人数来看，西安在六个城市中排名倒数第一。同位于西部的重庆，近年来入境国际旅游人数呈现快速发展的趋势。2011 年西安为重庆的 53.77%，到 2013年变为 50%，因此相对而言，西安的国际影响力是逐步下滑的。与其他四大国家中心城市的差距就更大，在 2011 年不到北京的 20%，2013年不到北京的 27%；2011 年仅为上海的 15.46%，2013 年仅为 16%。从入境国际旅游人数来看，2011~2014 年，与其他中心城市相比，西安处于倒数第一的位置，而且与其他中心城市的差距较大。以 2014 年为例，西安接待的入境国际旅游人数仅为 130.61 万人次，是同属于西部的重庆的 49.52%，是北京的 30.55%，是天津的 44.10%，是上海的 16.50%，是广州的 17.00%（见表 6-12）。

表 6 - 11　2016 年西安与其他中心城市国际影响力比较

单位：亿美元

指标	北京	上海	广州	天津	重庆	西安
实际利用外资	130.3	185.14	57.01	101.00	113.42	45.05
进出口总额	18625.2	28664.37	8566.92	1026.51	4140.39	1828.46
对外投资	155.1	366.50	62.18	261.95	27.54	

表 6 - 12　2011 ~ 2014 年各城市入境国际旅游人数比较

单位：万人次

城市	2011 年	2012 年	2013 年	2014 年
天津	200.4374	234.1075	264.5357	296.1726
广州	778.69	792.21	792.21	768.20
上海	648.31	633.03	757.40	791.30
重庆	186.4016	224.2834	242.2605	263.759
西安	100.23	115.34	121.11	130.61
北京	520.4	500.9	450.1	427.5

3. 城市服务功能

国家中心城市是区域内人们生产、生活和文娱活动的中心，不仅对城市自身，而且对区域、全国乃至全球具备广泛的综合服务能力和高端的专业服务能力。2014 年，西安市的服务业产值 3083.3 亿元，而北京和上海的服务业产值已在万亿元以上，分别达到 16626.3 亿元和 15271.9 亿元，西安市目前的服务业产值相当于 2002 年北京和上海的水平。另外，广州达到 10897.2 亿元，是西安的 3.53 倍；天津 7755 亿元，是西安的 2.51 倍；重庆 6672.5 亿元，是西安的 2.16 倍（见图 6 - 10）。从服务业增加值占 GDP 比重看，2014 年，西安是 55.8%，仅仅高于重庆的 46.8% 和天津的 49.6%，比北京的 77.9% 低 22.1 个百分点，比广州的 65.2% 低 14.4 个百分点，比上海的 64.8% 低 9 个百分点。这种差距类似于 GDP 总产值，也于 2004 年开始拉大，而且与同属于西部的重庆市相比，其差距在 2010 年后呈持续扩大的趋势。

高端产业总量小，创新程度低。以金融和房地产业为例，2015 年西安市的金融和房地产业实现的增加值只有 1057.24 亿元（见表 6 - 13），而 2013 年上海的增加值就已经达到 4167.06 亿元，北京达到 4161.59 亿元，广州 2418.65 亿元，重庆 1797.18 亿元，天津 1721.41 亿元。两个行业占服务业的比重，西安是 30.9%，与其他几个中心城市差别不大。

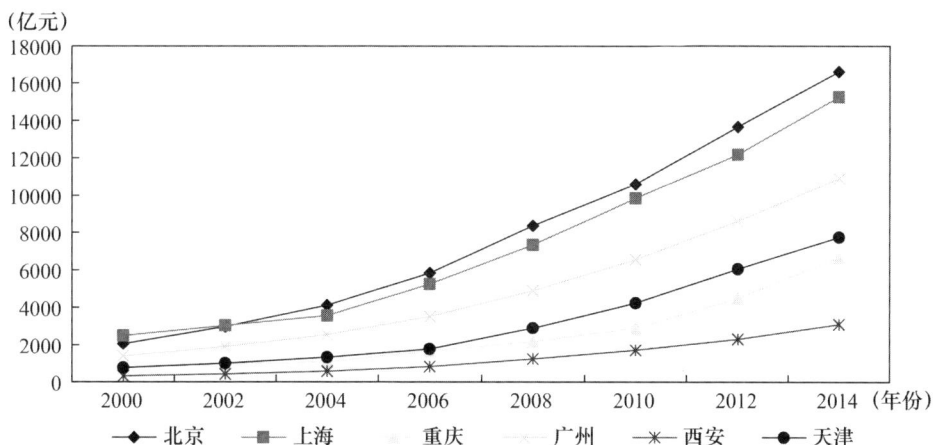

图 6 - 10　西安与国内其他中心城市的第三产业产值比较

表 6 - 13　西安服务业分行业增加值

单位：亿元

服务业	2013 年	2014 年	2015 年
批发和零售业	575.72	633.65	667.99
交通运输、仓储及邮政业	215.11	235.58	260.33
住宿和餐饮业	135.58	144.15	159.14
金融业	429.51	534.00	658.9
房地产业	292.41	326.10	398.34
其他服务业	1039.88	1168.79	1267.8
金融业占比	0.1598	0.1756	0.1931

从服务业的从业人数来看，服务业的就业能力整体偏小，且在 2010～2014 年增长缓慢。就绝对量来看，以 2014 年为例，西安第三产业的就业规模为 276.05 万人，同期，重庆为 676.87 万人，是西安的 2.45 倍；北京为 894.4 万人，是西安的 3.24 倍；上海为 843.95 万人，是西安的 3.06 倍；广州为 437.76 万人，是西安的 1.59 倍；天津 467.72 万人，是西安的 1.69 倍。就年平均增幅来看，西安每年仅能吸纳 12.23 万人，略高于广州的 11.87 万人，而重庆年平均增幅 22 万人，北京约 25 万人，上海约 47 万人，天津约 23 万人（见表 6－14）。从金融与房地产领域的就业体量方面来看，西安也远不及其他中心城市。以 2014 年为例，其中，金融方面，西安吸纳的就业为 67600 人，北京是西安的 6.38 倍，天津是西安的 1.32 倍，上海是西安的 4.91 倍，广州是西安的 1.21 倍，重庆是西安的 2.22 倍；房地产方面，西安吸纳的就业人数是 68100 人，略比天津要高点，北京是西安的 6.02 倍，上海是西安的 4.30 倍，广州是西安的 2.76 倍，重庆是西安的 3.86 倍（见表 6－15）。

表 6－14　西安与其他城市第三产业从业人数比较

单位：万人

城市	2010 年	2011 年	2012 年	2013 年	2014 年
天津	352.52	373.99	401.02	424.62	467.72
广州	378.40	397.34	404.87	432.13	437.76
上海	609.93	621.97	629.84	839.04	843.95
重庆	566.8	589.98	617.82	650.38	676.87
西安	214.91	223.61	237.3	268.76	276.05
北京	767.5	791.4	837.4	874.7	894.4

表 6－15　2014 年西安与其他城市在金融和房地产业领域从业人数比较

单位：人

	北京	天津	上海	广州	重庆	西安
金融	431574	89100	331600	81862	150200	67600
房地产	410147	66700	292600	187853	263100	68100

就人均 GDP 而言，西安市略好于重庆市，但是与其他四个中心城市有较大的差距。以 2014 年为例，西安的人均 GDP 是 63794 元，广州是 137967 元，是西安的 2.16 倍；天津是 105231 元，是西安的 1.65 倍；北京是 99995 元，是西安的 1.57 倍；上海是 97370 元，是西安的 1.53 倍（见图 6-11）。在城镇人均可支配收入方面，相对于其他中心城市而言，西安不断提高，2000～2014 年，由排名倒数第 1 位上升到倒数第 3 位，但与上海、北京和广州的差距仍然较大，在 2014 年仅分别为北京、广州和上海的 0.82 倍、0.84 倍和 0.74 倍（见图 6-12）。

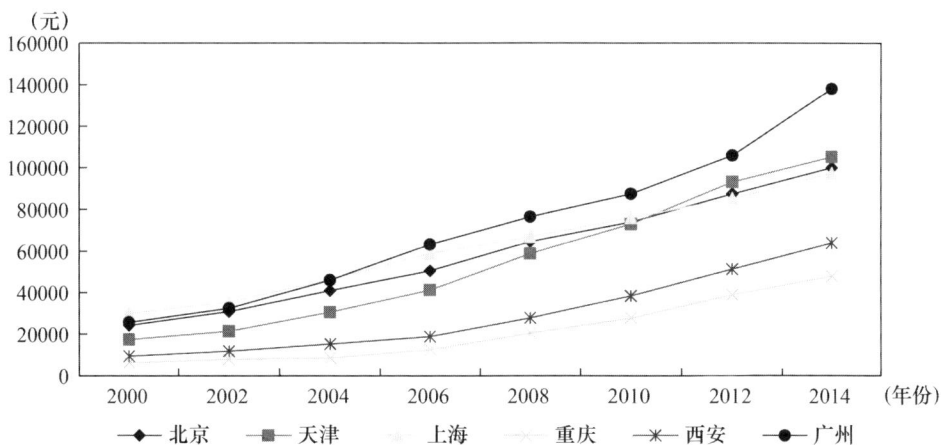

图 6-11　西安与其他中心城市的人均 GDP 情况比较

就城市的文化教育等服务来看，西安整体上要低于其他中心城市。以 2014 年为例，西安的教育行业从业人员数略胜过天津，而北京、上海、广州和重庆的教育行业从业人员分别是西安的 2.51 倍、1.91 倍、1.24 倍和 2.34 倍。在文化、体育和娱乐业从业数方面，在六大城市中排名倒数第一。北京、上海、广州、天津、重庆在文化、体育和娱乐从业人数方面分别是西安的 8.90 倍、3.35 倍、1.99 倍、1.06 倍和

（元）

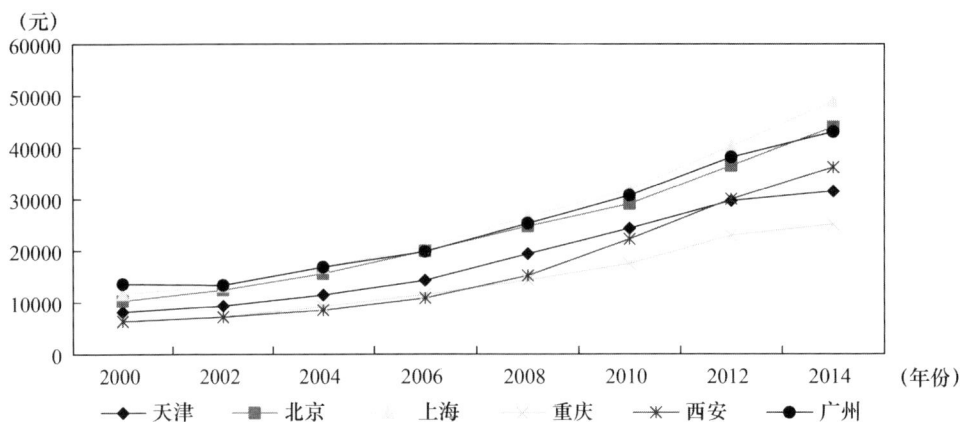

图6-12 西安与其他中心城市的人均可支配收入比较

2.92倍。在普通高等学校在校生人数方面，西安排名第一，结合教育从业人员数，这一定程度上说明，西安的师生比较低。教育产出水平不高。与此同时，西安的高校个数小于广州、上海和北京，在六个城市之中，与重庆并排第四位。高校图书馆，西安仅有15家，仅为北京、上海、天津和重庆的60%、60%、50%和34.9%（见表6-16）。

表6-16 2014年西安与其他城市的文教从业数以及普通高校在校生数比较

	北京	上海	广州	天津	重庆	西安
教育行业从业数（人）	458032	348800	226426	173700	427000	182500
文化、体育和娱乐业从业数（人）	174448	65800	38917	20800	57200	19600
普通高等学校在校生人数（人）	594614	506600	1019291	505795	740534	854000
普通高等学校数（家）	89	68	80	55	63	63
图书馆（家）	25	25	—	31	43	15

在医疗卫生服务方面，2014年，就卫生机构数而言，西安略好于上海、广州和天津，分别是北京和重庆的54.1%和29.6%。就医院个数而言，西安略超过广州，但远远低于其他四个中心城市，分别为北

京、上海、天津和重庆的 41.8%、84.6%、44.5% 和 18.6%。就医院床位数而言，其差距更为明显，西安分别为北京、上海、广州、天津和重庆的 44.3%、46.3%、55.5%、76.6% 和 28.4%。就每万人医生数而言，西安为 30.44 人/万人，居六大中心城市的第五位，仅为北京和广州的 45% 和 63%（见表 6 - 17）。

表 6 - 17　2014 年西安与其他中心城市的医疗服务比较

	北京	上海	广州	天津	重庆	西安
卫生机构数（人）	10265	4987	3724	4990	18766	5554
医院个数（人）	672	332	229	631	1510	281
医院床位数（张）	102851	98300	82022	59490	160446	45561
每万人医生数（人）	67.19	34.04	48.33	32.79	17.19	30.44

三、西安建设国家中心城市的机遇、优势与劣势分析

（一）西安建设国家中心城市的机遇

2015 年 3 月底公布的"一带一路"倡议纲领性文件《推动共建丝绸之路经济带和 21 世纪海上丝绸之路的愿景与行动》中，给予陕西省的相关表述是，"发挥陕西、甘肃综合经济文化和宁夏、青海民族人文优势，打造西安内陆型改革开放新高地"，由此也确定了陕西省处于"一带一路"的重要支点，是"一带一路"的核心区域。那么西安在对接"一带一路"的建设中，就要发挥好交通枢纽作用，将西安在文化旅游、高新技术产业、装备制造业、航空航天产业、教育等方面的

优势发挥至极致，不断向西开放，使得西安以及与西安有合作的国家都能相互促进、相互发展，进而加速西安建设国家中心城市的步伐。西安是西部大开发的桥头堡，西部大开发战略把全面提高西部地区开发、开放水平放在突出的战略地位。

（二）西安建设国家中心城市的优势

1. 深厚的文化底蕴

人们常说：二十年中国看深圳，一百年中国看上海，一千年中国看北京，而五千年中国则看西安。西安与雅典、罗马、开罗并称为世界四大古都，从公元前 11 世纪到公元 10 世纪左右，先后有 13 个朝代或政权在西安建都及建立政权，历时 1100 余年，所以西安有极为丰富的历史遗存。1981 年联合国教科文组织把西安确定为世界历史名城。历史文化资源的至高性、垄断性和不可复制性，为西安建设国际化大都市奠定了坚实的文化基础，更是西安建设国际化大都市的核心优势所在。西安的历史文化悠久性且世界唯一，具有人类文明和世界历史不可替代的顶级价值和意义。

2. 良好的科技教育优势

西安的科教实力、创新能力、军工资源和人才潜力得天独厚，而国家赋予西安建设统筹科技资源改革示范基地的重任，为西安突破体制障碍、推动科技优势向经济优势转变创造了新的动力。现有普通高校 48 所，民办高校 29 所，其中"985"院校 3 所，"211 工程"院校 5 所。科研机构 500 多个，科技人才 34 万人，两院院士 42 人，综合科技实力居全国第三位，是国家级创新型试点城市。西安是我国"一五"、"二五"和"三线"建设时期国家布局的重点城市，是我国重要的航空、航天、输变电设备和电子工业基地。西安经济技术开发区是关中—天水经济区规模最大、资金最密集、技术含量最高的制造业聚集区，也是关中—天水经济区先进制造业核心区。西安航天产业基地是我国以航天技术推广移植为主导的民用航天产业及其关联产业的规模化中心。西安国际港务区是我国西部以现代商贸物流为特色的超大型服务业园区。

3. 良好的区位优势

在全国区域经济布局上，西安具有承东启西、东连西进的地理优势。西安地处中国中西部两大经济区域的结合部，是西北地区通往西南、中原、华东和华北的门户和交通枢纽，在西部大开发战略中具有重要的战略地位。

（三）西安建设国家中心城市的劣势

1. 经济总量偏小和经济结构有待优化

打造国际化大都市，西安最主要的是经济总量问题。2014 年，西安市生产总值突破 5000 亿元大关，达到 5474.8 亿元，增长 9.9%，分别高出全国和全省 2.5 和 0.2 个百分点，增速居 15 个副省级城市第二位。人均 GDP 首次超过 1 万美元，达到 10394 美元。在民生方面，全市一般公共预算支出的 81.7% 和新增财力的 83.9% 用于民生，总计达到 669.4 亿元，增长 15.2%。按照人均 GDP 作为参考来看，西安已经进入中等收入国家水平，但要进入第二层次的国际城市，仍难度较大，需要进一步努力。西安近年来虽经济稳步快速增长，但规模依然偏小，产业结构不尽合理，产业辐射力不够强，具有国际影响力的产业、企业、产品和技术缺乏。综观目前全球国际化大都市，其三产服务业增加值占比通常在 70% 以上甚至更高，而西安市 2013 年服务业增加值占比 52.2%。

2. 城市化程度较低，城市建设力度不够

2012 年 10 月，中国科学院可持续发展战略研究组在京发布《2012 中国新型城市化报告》。该报告对中国 50 个代表城市的新型城市化水平进行了排序，西安城市化水平以 0.149 的成绩排在第 28 位。

位居前三的上海、北京、深圳城市化水平分别为 0.844、0.658、0.525。由此可以看出，西安的城市化建设还需要加大力度与速度。西安的城市基础设施及综合承载力有待提升，距创新创业城市、生态城市和宜居城市还有很大差距，城市的吸纳力、影响力、服务力还有待提升。

3. 对外开放的国际化程度亟待提升

由于西安地处内陆，不临海、不靠江、不沿边，多年来西安走的是投资拉动的内生式发展道路，经济外向度低，国际化程度一直不高，缺乏面向全球配置资源的优势。目前，西安高新区聚集的世界 500 强企业 117 家，驻外办事机构也只有泰国和韩国两家，外资金融机构数量、国际性展会、入境游客数量、外籍人口比例等，远远低于国际化大都市标准。其他如年举办国际性展会、外资金融机构数量、入境游客数量、外籍人口比例等，按照国际化大都市的标准，西安的差距都还很大。

四、西安与国家中心城市的差距成因分析

（一）深居内陆的区位制约了西安参与全球化的历史起点

地理差异对经济的作用遵循两条路径：一是资源禀赋；二是运输成本。多数国际化大都市位于沿海或者重要内河航运中心。西安深居内陆，远离海洋，也不是主要的内河航运中心，尽管在历史上曾充当了国际化大都市的角色（古长安鼎盛时期正是陆上古丝绸之路最繁荣的时期），随着海洋时代来临，海运以其低廉的运输成本迅速成为主要的国际运输方式，全球经济重心依次转移到地中海、大西洋和太平洋

沿岸，西安逐渐被全球化进程边缘化。

（二）政治经济中心的转移加速西安全球中心地位的衰落

政治经济中心地位的差异直接决定人口和产业集聚能力的差异，这个因素往往与地理因素重叠。多数国际化大都市是本国的政治或者经济中心（尽管在地理上不具优势的墨西哥城和约翰内斯堡也是本国的政治或经济中心），西安在全球的影响力与其在中国的中心地位有着某种历史契合，随着政治中心向华北转移和经济中心向东南转移，对西安的空间需求和交通需求大不如前。西安之于中国的中心地位逐渐丧失，在超主权的城市经济体未形成前，西安参与全球化过程在一定程度上要经过国家层面和实际政治经济中心传导。

（三）思想观念制约了治理模式的现代化和城市胸襟的开放

伴随技术进步，人类经济活动的空间得以高度拓展，地理区位越来越成为初始力量，非决定性力量。思想观念从更深层次、更长时期塑造了人们的思维方式，城市的国际化进程最终由人推动，因此思想观念通过两个途径影响着国际化水平：一是城市治理理念的现代化和国际化；二是市民的开放度和包容度。这两方面共同决定了城市的胸襟和气度。特殊的地理位置，加上浓厚的历史情结，西安深受大陆思维和黄土文化影响，族系纽带观念、地方本位意识、风险厌恶取向强烈，地方政府的服务意识不强，经济运行的市场化程度低，市民对外来事物持谨慎态度，"托关系"、"找门路"的现象大大增加了经济社会运行的成本。本地企业、民众对外交流积极性不高，缺乏国际视野，国际要素进入西安成本较高，不仅从根本上限制了城市经济的发展，也阻碍了国际化的制度环境建设。

（四）粗放的城市发展模式降低了国际化的核心竞争力

城市发展模式包含城市规划理念和经济增长方式两个方面。目前，西安的拥堵和污染愈演愈烈，城市重建大张旗鼓，深入体现了城市规划的短期性；城市土地的扩张速度超过城市人口的集聚速度，体现了城市增长方式的粗放性。内涵式的国际化主要不是依靠城市建设面积的盲目扩张和人口规模的增加，也不是简单地让市民学会几句英语。更重要的是要强调可持续、精明的发展模式，进而实现内涵式的国际化。粗放的发展模式使得西安的对外形象受损，吸引外资和国际游客的环境有待完善，国际化建设多是停留在表面，没有上升到观念的国际化层次。

（五）较小的经济体量限制了西安的区域辐射能力

国际化大都市成长规律表明，世界上公认的国际化大都市都是由所在国具有明显区位优势的首位城市发展起来的，而仅在中国西部地区，西安也没取得首位城市的地位。2012 年西安、成都和重庆的 GDP 分别为 4369.37 亿元、8138.94 亿元、11459 亿元，西安经济总量仅相当于成都的 54%、重庆的 38%。西安的国家中心城市发展进程没有坚实的经济实力做后盾，区域辐射能力极其有限。

五、西安建设国家中心城市的发展战略、功能定位与努力方向

（一）发展战略

1. 创新引领战略

以建设国际化大都市为目标，实施理念创新、体制创新、科技创

新、环境创新、服务创新，促进城市转型、经济转型和产业转型。

2. 项目带动战略

以提升西安的国家中心城市发展和综合竞争力为核心，把国家中心城市建设的目标任务细化到具体项目，以项目集聚资源要素、促进投资增长，实现区域经济跨越式发展。

3. 城市化牵引战略

以提升西安的经济总量和发展质量并重，调结构、转方式，构成开放式、多极化的圈形结构，与周边城市共同组成充满活力的城市群，增强城市综合实力和辐射力。以凸显特色、强化优势为立足点，以统筹科技资源改革示范基地建设和深化文化体制改革为契机，以"五区一港两基地"为主要承载区，实施板块推进，实现城市功能率先国际化。

4. 文化引领战略

西安要走既不同于综合性国际化大都市，又不完全是专业性国际化大都市的中间道路，逐步建成富有历史文化特色的国际化大都市。西安因历史文化而世界闻名，作为"世界千年古都，华夏精神故乡"，西安的历史文化特色体现在：西安是世界四大文明古都之一，是中华文明的发祥地，是周秦汉唐等王朝的古都，西安是古城堡建筑的典型代表，具有浓郁的关中民俗风情，西安文物古迹丰富，堪称"天然历史博物馆"。围绕上述主题，打造富有历史文化特色的科教文化旅游中心。

（二）功能定位

1. 城市定位

在全球，成为世界一流的文化旅游目的地、全球重要的高新技术产业研发中心、欧亚经济文化合作的区域中心和辐射丝路沿线的国际物流中心；在全国，成为全国的科技创新中心、内陆型经济开发开放战略高地和先进制造业基地；在中西部，建成区域性经济、物流和金融中心，成为带动大关中、引领大西北、辐射北方内陆地区的核心城市。

2. 产业定位

在产业布局上，使西安中心城区成为文化旅游、现代服务业的核心功能区；"五区一港两基地"成为特色鲜明、集群发展的产业示范区；市郊区域及卫星城成为承接主城区产业扩散、为主城区提供配套支撑，互补发展的集聚区。在产业形态上，重点发展现代服务业、文化旅游业、研发及处于价值链高端、技术含量高、具有高附加值的先进制造业。

3. 综合交通枢纽中心

按照国际化标准建设和提升城市基础设施，创造基本符合国际标准的工作和生活条件，建立以公共交通、轨道交通为主体，多层次、多类型的城市立体交通系统。统筹规划城市道路、高速公路、城际铁路和空中航线，增强西安市区及关中与周边省份的通达性和便捷性。争取到2020年，西安一日交通圈辐射范围扩大到大半个中国，形成一个贯穿南北、连接东西、发达完善的中西部综合交通枢纽。

（三）西安建设国家中心城市的努力方向

西安应该紧紧抓住"丝绸之路经济带"建设的历史机遇，走"内涵式"的国际化道路，坚持"以壮大经济总量为核心、以发挥比较优势为突破、以历史文化为特色、以综合性国际城市为目标"的方针建设国家中心都市。

1. 狠抓经济建设，壮大国际化的物质基础

一要发展总部经济，培育本地大企业集团，吸引国内核心企业区域或全国总部入驻；二要优化投资环境，提高政府服务水平，旨在吸引更多的世界500强企业入驻西安，提高经济全球联系度；三要制定

有利于高端服务业发展的产业政策，提高产业结构的高级服务化程度。

2. 尽快制定科学、详细、可操作的国际化建设行动纲领和评价体系

一要将国际化的目标阶段化，确立每阶段的战略任务，为国际化建设制定时间表；二要细化目标，责任落实，确立若干专项工程做支撑点；三要形成国际化的全民共识和行动；四要建立科学的评价体系，定期监测和评估国际化进程，发现差距、修正偏离；五要成立由政府机构、非政府组织、国际组织、高校组成的"国际化行动委员会"，经费由政府提供。

3. 建立国际化的城市治理模式

在全市范围内的公共服务机构进行国际礼仪、国际规则、国际标准的培训和外语达标测评，在城市道路等公共场所实施双语标识覆盖工程，组织志愿者提供双语服务，定期举办模拟的国际会议，在市中心提供出入境签证办理一条龙服务。

4. 建设旨在提高国际联系便利度的智慧型立体交通网络

高质量建设城市轨道交通系统，优先发展地面公共交通，实施公交基础设施智能化升级工程，在所有主干道上划定严格的公共交通专用通道，合理规划公共交通线路，实现轨道交通和路面交通的无缝换乘；着力发展空港新区，积极开拓国际航线，引进更多的国际航空公司入驻，建设围绕空港的"大物流"网络和相关产业集聚。

5. 实施提高国际知名度和吸引力的专项计划

向全社会征集西安市视觉形象设计方案，确立西安城市品牌推广标识，积极参加城市品牌推介会，制作并向全球发布西安市形象宣传片；建设国际标准的国际会展基础设施，争取加入国际会议协会（ICCA），争取成为更多国际会议永久会址；提高旅游景点的管理水平和景点周边的配套设施的国际化水平；打造国际化自由媒体产业园，大力引进国内主要新闻出版机构将总部设在西安，允许市场创办英文报纸杂志，争取国际主要媒体在西安设立分支机构或记者站、采编中

心或发行中心，扩大西安传播能力。

6. 制定专项战略规划，努力转化比较优势为国际化潜力

制定西安"东方文化之都"发展战略，提高城市文化基础设施水平；制定"智慧城市"发展战略，加大高等教育支持力度，设立研发和创意专项基金，鼓励创新和发明，科学统筹西安科技资源，促进"产学研"一体化，推动科技资源转化成生产力。

六、西安建设国家中心城市的对策建议

西安与主要国际化大都市存在全面差距，尚未建立起国际化大都市的基础框架；尽管拥有区域内乃至国内的比较优势，但是发展战略制约了其比较优势的发挥。特殊的地理位置和失去的政治经济中心地位是形成西安与国际化大都市差距的外生变量，粗放的发展模式和保守的思想观念是形成差距的内生变量，落后的经济发展水平是形成差距的直接原因。

（一）加快城市化进程

城市化的最大经济效应是能够创造出持久的增长后劲。一般而言，城市化每增长 1 个百分点，可拉动 GDP 增长 1.5~2 个百分点；GDP 每增长 1 个百分点，大体带动 80 万~100 万人的就业。按照《关中—天水经济区发展规划》要求，2020 年西安的城市化率要从目前的 43% 提高到 60%，都市区人口发展到 1000 万以上，主城区面积达到 800 平方千米，意味着加快城市化是西安国际化大都市建设的主要带动因素和推动力量。充分发挥西安文化古城特色优势，使西安成为国内外游客最向往的文化体验消费地；高起点、高水平、前瞻性地推进新区建

设，打造西安国际化大都市建设的引领区；发展立体交通路网，拉大城市骨架。站在建设大西安的高度上，编制城市综合交通规划，构筑以国际航线、高速公路、城市干道、轨道交通（地铁、轻轨）为骨架的立体综合交通网。

（二）提高产业竞争力

1. 做大做强文化旅游产业

文化旅游业是西安最有优势成为国际性的特色产业。充分利用西安的历史文化及地理资源优势，把发展文化旅游业作为扩内需、扩开放的重要抓手。抓住秦岭被确定为世界地质公园的机遇，将秦岭打造成为世界自然山水旅游的"金字招牌"；做大关天旅游线，推动佛教文化游、西域文化游和丝绸之路游等，打造具有西安特色的世界级旅游品牌；加强国际文化交流合作，将欧亚论坛办成世界了解中国的一个窗口。

2. 大力发展现代服务业

大力发展信息、设计、金融、中介服务等现代服务业，由价值链中低端向价值链高端转变，以提升西安先进制造业水平。

3. 优先发展战略新兴产业

以统筹科技资源为抓手，重点发展通信、航空航天、软件与服务外包等具有国际竞争力的产业。西安应紧紧抓住统筹科技资源的历史机遇，将西安的科技优势和国际产业技术分工紧密结合，政府搭桥促进信息互通、军民融合、产学研用、产业联盟四个方面的突破发展，建设世界重要的研发中心、国际一流的通信产业基地、航空航天城和中国软件服务外包之都。

（三）提高对外开放度，扩大国际合作与交流

不断扩大西安国际国内的合作与交流，积极开展对外友好交往，有计划、有目标、有重点地组织出访，争取在政治、经济、文化等各

领域取得综合效益；建立友好城市渠道，增进与世界各国各地区在经贸、文化、城建方面的交流；广泛开展民间外事工作，积极参加国际艺术展览、技艺交流、研修项目等活动。举办一系列国际性、全国性展会和重大活动，扩大西安的影响。

（四）将西安高新区建设打造为西安国际化大都市进程中的战略新高地

经过对世界知名国际化大都市的分析，总结相关评价指标和标准，西安高新区应坚持有所为有所不为的原则，着重从第三产业增加值占GDP比重、外向度、R＆D投入、跨国公司进驻数、外国金融机构数、年举办国际会议数、常驻外籍人口比重等指标着手来衡量西安国际化大都市建设的进程和差距。坚持以国际化为导向，以科技创新和高端服务业为核心，以战略性新兴产业为重点，以园区综合配套环境优化为支撑，加快建设成为世界一流科技园区和中西部地区最重要的人才高地、金融中心和创新之源，成为西安建设国际化大都市的示范引领区和辐射带动区。

加快科技资源统筹，提升科技创新能力。雄厚的科技军工实力、丰富的人才资源，是西安国际化大都市建设的活力之源。西安高新区应着力推动军工与地方、科技与金融、高校院所与企业、科技与文化四个方面的融合。积极发展现代服务业，推动国际会展业发展。现代服务业作为当前经济发展的主导产业之一，对于拉动第三产业增长具有重要作用。西安高新区应以国家服务业综合改革试点为契机，带动现代服务业快速增长。坚持招大引强，大力发展总部经济，吸引世界知名跨国公司设立区域总部、分支机构和研发中心，巩固发展总部经济的西部引领地位。

强化金融创新力度，打造区域金融中心。加快金融商务聚集区建设，大力引进国内外金融机构落户西安高新区，特别是吸引著名外资银行入驻，逐步形成外资银行聚居区。进一步发展外向型经济，提升外贸进出口比重。充分发挥西安高新区出口加工区和综合保税区的作用，力争在外向型经济方面走在前列。大力吸引高端人才创业就业，推动国际化人才聚集。营造适合国际商务人士和高端科技人才工作、生活、休闲的软环境，吸引外籍人才入住，使西安高新区成为国际化人才的高地。加大规划引领，提升园区生态化、信息化建设水平。

通过科学的城市规划、优美的园区环境和完善的配套设施，将西安高新区打造成为西安环境优化和城市拓展的示范引领区。与国际接轨，推动管理和服务创新。不断优化政务、法制和配套环境，提升城市、治安和公共管理水平，创新社会管理，深化社会服务，培育社会组织，充分利用网站、微博等交流平台，加强沟通互动，打造文明、开放、民主、包容的社会环境。

总之，西安高新区将努力担当起西安建设国家中心城市和国际化大都市的主力军和排头兵，以科学发展观为统领，以国际化为导向，以科技和体制创新为动力，以战略性新兴产业为重点，以和谐园区为保障，不断聚焦优势资源，创新发展模式，辐射带动引领，把西安高新区建成具有中国内陆自主创新特色的世界一流科技园区，为西安建设国家中心城市作出新的更大的贡献。

本章参考文献

屠启宇，金芳．金字塔尖的城市：国际大都市发展报告［M］．上海：上海人民出版社，2007.

屠启宇．国际城市发展报告（2012）［M］．北京：社会科学文献出版社，2012.

倪鹏飞．全球城市竞争力报告（2011～2012）［M］．北京：社会科学文献出版社，2012.

综合开发研究院（深圳）．2012 年 CDI 中国金融中心指数报告

（第四期）［M］．北京：中国经济出版社，2012.

张沛，程芳欣，田涛．国际化大都市背景下西安城市文化体系研究初探［J］．城市建筑，2011（3）：122－124.

张巨武．国际化大都市视域下市民外语素质提升研究［J］．西安文理学院院报（社会科学版），2012（5）：115－119.

王丽梅．基于建设国际化大都市背景下的西安文化产业发展方式研究［J］．生态经济（学术版），2011（2）：319－322.

余侃华，张沛，蔡辉．迈向国际化大都市的规划思考——西安城市空间理性增长的实现途径初探［J］．城乡规划，2011（11）：59－64.

裴成荣．西安城市空间布局及国际化大都市发展战略研究［J］．人文杂志，2011（1）：186－189.

张星．西安传媒是国际化大都市背景下社会变革和发展的基本动力［J］．新闻知识，2011（5）：27－29.

何俊生，张仙丽，赵莹莹．西安国际化大都市对外开放及外向型经济发展研究［J］．长安大学学报（社会科学版），2011（4）：9－16.

王双怀．西安国际化大都市建设之我见［J］．长安大学学报（社会科学版），2011（1）：7－15.

渠然，王艳．西安国际化大都市建设中存在的问题研究［J］．经济研究导刊，2012（2）：80－81.

陈鼎藩，王林雪，杨开忠．西安建设国际化大都市的路径探析［J］．科技和产业，2012（11）：1－4，15.

吴正海．西安建设国际化大都市面临的主要问题及对策［J］．西安社会科学，2011（4）：39－42.

袁晓玲，杨敬舒．西安实现国际化城市差距分析［J］．西安电子科技大学学报（社会科学版），2005（1）：46－49.

余丹林，魏也华．国际城市、国际城市区域以及国际化城市研究［J］．国外城市规划，2003（1）：47－50.

北京市经济与社会发展研究所课题组．北京建设国际化大都市要用哪些指标来评价？［J］．前线，2001（4）：46-48．

付崇兰，黄志宏，汪明军．中国特色城镇化30年历程与新的挑战和趋势——北京多层次推进城乡规划建设的典型［J］．北京规划建设，2008（5）：19-25．

张敬淦．北京城市总体规划修编的衔接、继承和创新［J］．城市问题，2005（2）：2-4．

吕晓芬，薛东前．西安城市发展现状与愿景研究——基于国际化大都市标准值的分析［J］．资源开发与市场，2013（10）：1045-1048．

王曼，师谦友，李华．基于国际化大都市建设的西安产业结构优化研究［J］．资源开发与市场，2013（8）：803-805，847．

李荃，王长寿．西安国际化大都市建设的优劣势分析［J］．价值工程，2013（7）：325-326．

刘婷．西安国际化大都市建设的目标定位及评价指标研究［D］．西北大学硕士学位论文，2011．

慧娜．西安国际化大都市建设的路径研究［D］．西北大学硕士学位论文，2011．

米瑞华．西安国际化大都市建设中人口空间结构变动研究［D］．西安工业大学硕士学位论文，2011．

折然君．西安高新区：合力建设"国际化大都市"［J］．中国高新区，2016（4）：16-20．

徐豪，王红茹，银昕．从省会城市到国家中心城市谁会成为"国家中心城市"［J］．中国经济周刊，2017（7）：16-25．

田美玲，方世明．国家中心城市的内涵与判别［J］．热带地理，2015（3）：372-378．

田美玲，方世明．国家中心城市研究综述［J］．国际城市规划，2015（2）：71-74．

刘兰，罗凡．武汉增强国家中心城市辐射力研究［J］．江汉大学学报（社会科学版），2015（1）：44－50，124.

王凯，徐辉．建设国家中心城市的意义和布局思考［J］．城市规划学刊，2012（3）：10－15.

肖怡．国际大商都：广州建设国家中心城市的战略选择［J］．广东商学院学报，2012（2）：31－38.

周阳．国家中心城市：概念、特征、功能及其评价［J］．城市观察，2012（1）：132－142.

张强，李江涛．以国际商贸中心引领广州国家中心城市建设的战略研究［J］．城市观察，2011（4）：10－36.

王国恩，王建军，周素红，宗会明．基于国家中心城市定位的广州核心职能研究［J］．城市规划，2009（S2）：13－19.

陈江生，郑智星．国家中心城市的发展瓶颈及解决思路——以东京、伦敦等国际中心城市为例［J］．城市观察，2009（2）：14－20.

孙颖玲．基于"一带一路"建设西安国际化大都市的路径研究［J］．商业经济研究，2015（23）：144－145.

胡燕．关于建设国际化大都市的若干思考——基于西安的经济和产业发展情况进行分析［J］．特区经济，2014（9）：178－179.

张佑林，张晞．西安国际化大都市的战略定位：文化大都市［J］．经济论坛，2011（6）：69－73.

朱小丹．论建设国家中心城市［J］．城市观察，2009（2）：5－13.

姚华松．论建设国家中心城市的五大关系［J］．城市观察，2009（2）：62－69.

第七章　西咸新区建设现代田园城市探索

　　城市新区是城市旧城区之外规划新建的一个具有系统整体性和功能独立性的开发建设地区，是城市发展到一定阶段的产物，是城市空间扩张的主要形式。伴随着我国城市化的快速发展，近年来城市新区在空间要素集聚与扩散和空间格局重构转型中的作用日益突出。国家级新区，是由国务院批准设立，承担国家重大发展和改革开放战略任务的综合功能区，新区的成立乃至于开发建设上升为国家战略，总体发展目标、发展定位等由国务院统一进行规划和审批，相关特殊优惠政策和权限由国务院直接批复，在辖区内实行更加开放和优惠的特殊政策，鼓励新区进行各项制度改革与创新的探索工作（刘涛，2015）。国家级新区是中国于20世纪90年代初期设立的一种新开发开放与改革的大城市区，并自此成为新一轮开发开放和改革的新区（李承明，2014）。

一、西咸新区发展概况

西咸新区的形成既是市场主体权衡的结果，又有政治权力的推动，属于跨界新区动力机制中的政策驱动型。在此过程中，西咸新区的空间组织结构也伴随着政策调整进行相应变动。

（一）西咸新区的发展历程

西安市是我国西部地区重要的中心城市，西安（咸阳）大都市是关中—天水经济区的核心和重要引擎。设立西咸新区，主动顺应西咸一体化发展趋势，有利于加快推进西安、咸阳一体化，增强区域经济核心带动作用。与此同时，设立西咸新区，有利于增强西部地区重要经济增长极的辐射功能，进一步发挥其引领和带动大西北的核心带动作用，扩大向西开放，建设丝绸之路经济带的重要支点，不断为西部大开发注入新的活力和动力，促进区域经济协调发展（杜尚儒，2011）。

可以说，西咸新区自西安咸阳一体化发展之始，就受市场力量和政治权力的双重驱动，且在此过程中政治权力和市场力量互促共进，政策的出台基本反映区域发展规律和所有利益相关方的诉求（见表7-1）。需要特别指出的是，尽管这一进程主要是由政策驱动的，但居民、企业和房地产开发者的市场行为仍然构成政策驱动的基本要素。

表7-1　西咸新区的发展历程

时间	主要内容
2002 年	陕西省提出"西咸一体化"建设构想
2009 年 6 月	国务院批准《关中—天水经济区发展规划》，提出"加快推进西咸一体化建设，着力打造西安国际化大都市"
2010 年 2 月 21 日	陕西省推进西咸新区建设工作委员会办公室暨西安沣渭新区、咸阳泾渭新区管委会挂牌成立，西咸新区建设正式启动
2010 年 12 月	《全国主体功能区规划》提出"推进西安、咸阳一体化进程和西咸新区建设"，西咸新区建设上升为国家战略
2011 年 5 月 17 日	陕西省城乡规划委员会审议并原则通过《西咸新区总体规划》
2011 年 5 月 31 日	陕西省政府设立西咸新区开发建设管理委员会，副省长江泽林兼任管委会主任
2011 年 6 月 10 日	陕西省政府批复《西咸新区总体规划》
2011 年 8 月 10 日	陕西省政府印发《关于加快西咸新区发展的若干政策》（陕政发〔2011〕46 号）
2012 年 2 月 20 日	国务院批复《西部大开发"十二五"规划》，西咸新区列为西部重点建设城市新区
2014 年 1 月 6 日	国务院批复设立陕西西咸新区，提出把西咸新区建设成为我国向西开放的重要枢纽、西部大开发的新引擎和中国特色新型城镇化的范例，西咸新区成为国家级新区
2014 年 2 月 19 日	国家发展改革委印发《陕西西咸新区总体方案》，赋予西咸新区创新城市发展方式先行先试权
2014 年 10 月 17 日	中共陕西省委、陕西省人民政府印发《关于加快西咸新区发展的若干意见》（陕发〔2014〕10 号）

数据来源：根据国务院、国家部委和陕西省官方网站整理得到。

（二）西咸新区的空间组织

对于跨界新区的空间组织，由于涉及西安、咸阳两个行政单元，其空间组织的选择取决于跨行政区两侧的地域特征、城市已有建设基础等多个因素，而且某种程度上也是一个试错的过程（刘永敬、罗小龙、田冬等，2014）。西咸新区经历了从以前的省市共建以市为主，到西安、咸阳两市分而治之，再到现在的省市共建以省为主，由陕西省政府派出机构西咸新区管委会行使开发建设管理权。期间两次重要的变化，一次是2010年陕西省落实《关中—天水经济区发展规划》，成立由省政府设立专门机构领导的沣渭新区和泾渭新区，地跨西安咸阳两市，分别由西安和咸阳设立政府派出机构进行开发建设。"西咸新区"的前身，正厅级西咸新区建设工作委员会也揭牌成立，沣渭新区管委会、泾渭新区管委会分别为西安、咸阳两市政府派出机构，受西咸新区建设工作委员会和市政府双重领导。另一次是2014年国务院正式批复陕西设立西咸新区，西咸新区成为中国的第七个国家级新区。在陕西省政府派出机构西咸新区管委会下设五个新城，包括泾河新城、空港新城、秦汉新城、沣西新城和沣东新城。至此，西咸新区的空间组织也完成了由之前的轴向发展型向团块组合型的转变。

（三）西咸新区的战略定位

根据《陕西西咸新区总体方案》的战略定位，西咸新区作为创新城市发展方式试验区，要充分借鉴国内外城市建设的成功经验，立足自身实际，将西咸新区建设成为土地节约集约利用、城市空间组团式紧凑布局、生态空间和农业空间环绕周边、城乡有机融合、人居环境优美的现代田园城市，优化城市发展空间，提升城市承载能力，健全城乡发展一体化体制机制，为我国城市发展起到引领示范作用。相应地，其重点建设任务主要是坚持集约节约利用土地，依法依规确定规划建设用地规模和范围，合理划分功能分区，限定城镇发展边界，严禁在建设区外侵占耕地、林地和无序蔓延发展。通过村镇适当合并、土地复垦、农业现代化等途径，提高农业生产能力，稳定耕地面积和粮食产量。严格按照功能分区，布局层次分明、功能清晰、紧凑集约的城市群落，建设高度集中、立体发展、具有综合功能和人口承载力的核心城区，以历史文化遗址保护带、河流生态廊道、森林博览园、都市农业园区营造绿色田园景观（江泽林，2013）。

二、西咸新区现代田园城市建设的重点任务

西咸新区包括泾河新城、空港新城、秦汉新城、沣西新城和沣东新城五个组团（见图 7－1），新区内现状人口约 90 万，行政区划涉及西安、咸阳两市的 7 个县（区），23 个乡镇（街办）。西咸新区成立以来，围绕创新城市发展方式的战略定位及重点建设任务，在吸收借鉴

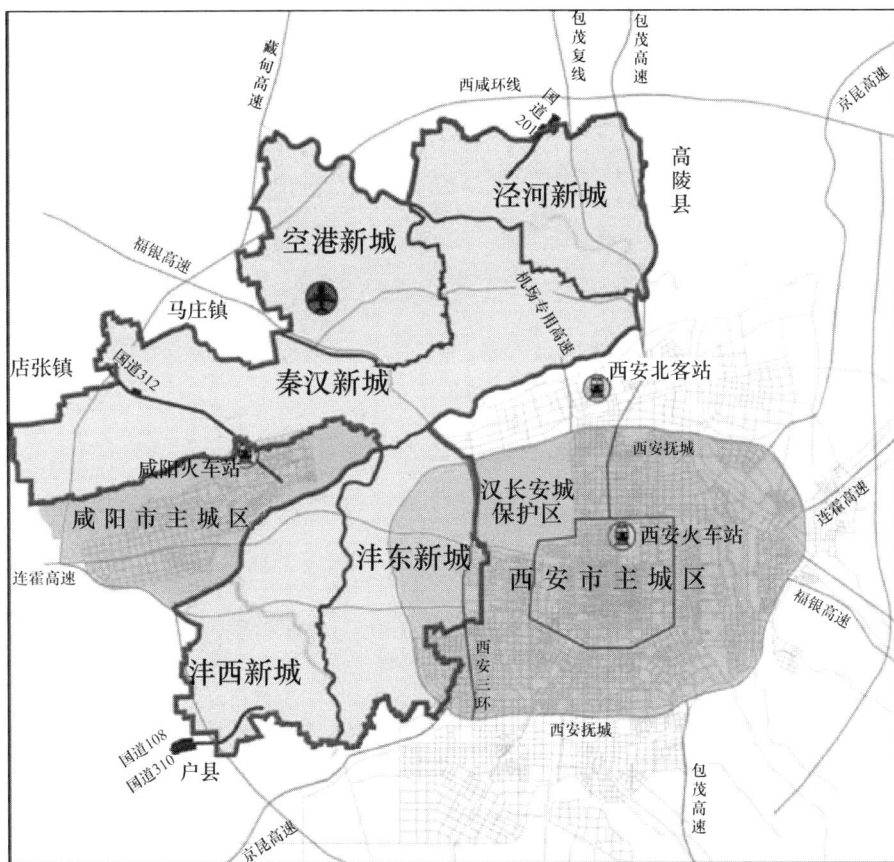

图 7－1　西咸新区区位示意图

国内外城市发展经验的基础上，坚持以人为核心，遵循城市发展规律，通过创新城市发展理念和科学规划建设，应用绿化带政策划定城市增长边界，在实现西安咸阳一体发展的同时避免城市摊大饼式蔓延，建设现代田园城市实现城乡一体发展，建设海绵城市解决城镇化与资源环境的协调。

（一）运用绿化带政策打造城市绿心

1. 英国伦敦的绿化带政策

大伦敦地区区域规划委员会 1935 年首次提出伦敦绿化带概念，通过绿化带为公共开放空间和休闲娱乐场地提供供给，并于 1938 年通过了《绿化带法》。在"二战"之后的重建中，著名的建筑师阿伯克龙比受邀帮助制定区域规划，通常称为"阿伯克龙比规划"。1943 年阿伯克龙比规划将大伦敦地区分为 4 个环带，每个环带都有特定的住房密度（见图 7 – 2）。其中，绿化带为环绕城市和郊区的一个 5 英里环带，用于限制城市蔓延发展和提供休闲娱乐场所。绿化带土地用途主

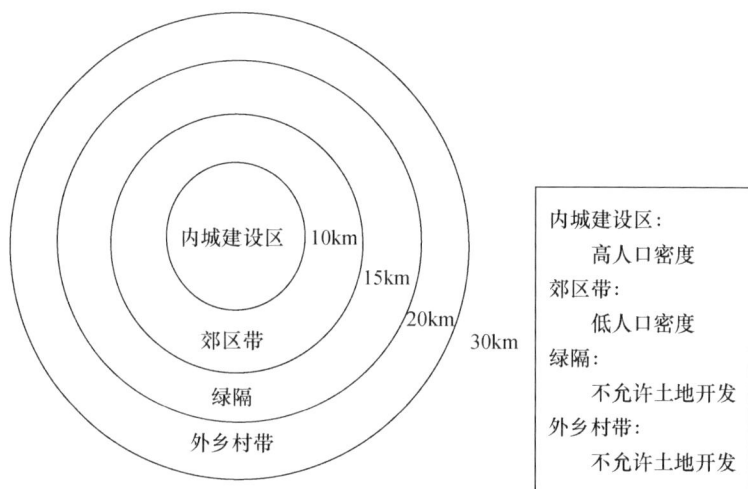

图 7 – 2　阿伯克龙比大伦敦地区空间形态和绿化带

要是农业，其土地利用方式发挥了如下积极的作用：为城市居民提供接触开放的乡村的机会，在毗邻城区的地方提供户外运动和娱乐的机会，保护并美化居住区附近优美的风景，改良城镇周围被破坏和遗弃的土地，维护自然环境保护的利益，保留住农业、林业及相关用途的土地（谢欣梅、丁成日，2012）。

当然，伦敦绿化带政策本身也面临一系列问题，如引发社会不公，限制了可开发土地数量，鼓励城市超越绿化带进行跳跃式发展、增加通勤里程等。但是，在中国当下城镇化快速推进的背景下，如果绿化带的划定能够充分考虑到经济和城市发展的需要，并且辅以相应的配套规划，那么对于中国的城市发展尤其是新区发展仍有非常重要的借鉴意义。在这方面，西咸新区对绿化带政策的实践是结合自身情况的有益探索。

2. 西咸新区对绿化带政策的运用

西咸新区规划控制区总面积 882 平方千米，建设用地 272 平方千米，区域内主要河流有渭河、泾河、沣河，分布有周、秦、汉等历史时期的遗址（省级以上文保单位）15 处。其中泾河新城包括泾阳县的泾干、永乐、高庄（部分）三镇和崇文乡，总面积 146 平方千米，建设用地 47 平方千米；空港新城包括泾阳县的太平镇，渭城区的底张镇、北杜镇和周陵镇福银高速以北的区域，总面积 141 平方千米，其中建设用地 36 平方千米；秦汉新城包括渭城区的正阳、窑店、渭城、周陵镇福银高速以南的区域，秦都区的双照镇，兴平市茂陵的周边区域，泾阳县的高庄镇（部分），总面积 291 平方千米，其中建设用地 50 平方千米，遗址保护区面积 104 平方千米；沣西新城包括户县的大王镇，长安区的马王街道、高桥乡，秦都区的钓台、陈杨寨街道，总面积 143 平方千米，其中建设用地 64 平方千米，遗址保护区面积 8.6 平方千米；沣东新城包括长安区的斗门街道、王寺街道，秦都区的沣东街道、三桥街道、六村堡街道，总面积 161 平方千米，其中建设用地 75 平方千米，遗址保护区面积 13.3 平方千米，其建设用地所占比重分别为 32.2%、25.5%、17.2%、44.8% 和 46.6%。西咸新区尤其是泾河新城、空港新城和秦汉新城有着非常高比例的非建设用地。这些空间主要功能：一是为公共开放空间和休闲娱乐提供场地；二是划定城市增长边界，这也是绿化带政策的两个主要标准。

（二）构建城市—乡村磁铁推进新型城镇化

1. 霍华德的田园城市理想

对于田园城市，霍华德在其《明日的田园城市》序言中即指出："事实并不像通常所说的那样只有两种选择——城市生活和乡村生活，而有第三种选择。可以把一切最生动活泼的城市生活的优点和美丽，愉快的乡村环境和谐地组合在一起……可以用'三磁铁'的图解来说明这种情况。在图解中，城市和乡村都各有其主要优点和相应缺点，而城市—乡村则避免了二者的缺点……这种该诅咒的社会和自然的畸形分隔再也不能继续下去了。城市和乡村必须成婚，这种愉快的结合将迸发出新的希望、新的生活、新的文明。本书的目的就在于构成一个城市—乡村磁铁，以表明在这方面是如何迈出第一步的。"而且，霍华德从 1903 年就把他的主要精力集中于建设哈德福郡（Hertford – shire）北部的莱契沃尔思（Letch – worth）田园城市，住在那里直接指导工作，把它作为建设示范性田园城市、社会城市，进而全面改建大城市的第一步。这样的城市结构是一个小城市群，总人口数只有 25 万人，其中中心城市 5.8 万人，每个周边城市 3.2 万人。值得指出的是，在其理想的社会城市中，并没有母城和卫星城的关系，其目的只是想用这种城乡一体的小城市群来逐步取代大城市。

由此可知，对于今天的田园城市建设，远离大都市可能无法获得足够的资源，那么如果只能在大都市的周边，且不能进行重大的社会变革，那么通过土地类型的多样化来满足农业用地需求，更加尊重土地上原有居民利益的政策安排是非常必要并值得肯定的。从这一点来看，西咸新区虽难以实现霍华德的理想，但至少在其理想的基础上进行了有益的尝试。

2. 西咸新区现代田园城市建设探索

西咸新区现代田园城市建设强调地域性、主题性、层次性、差异性和灵活性，围绕创新城市发展方式这一主题，聚焦于西咸新区范围，综合考虑与西安、咸阳的紧邻关系；突出现代田园城市的特点与内涵，并由此拓展相关专题；强调宏观战略与图景、中观策略以及微观措施、指标数值等逐层递进；针对各功能板块、组团的特色与差异，建设与非建设区的区别；注重控制与引导相结合，除关键重点问题的刚性控制以外，采取引导与建议方式进行（见图 7 - 3）。

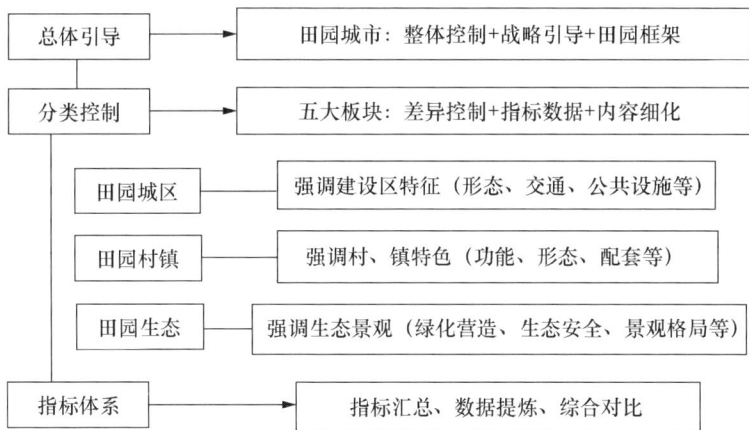

图 7 - 3　西咸新区田园城市标准框架

值得指出的是，西咸新区存在大量的非建设用地，这些非城市建设用地主要由果园、农田、林地、村庄、滩涂、大遗址区、自然绿地和水域等用地组成，在各个新城分布。其中果园、农田和村庄用地占用地比例较大，果园用地主要集中在秦汉新城，规划关中城际环线以西，以及空港新城北部区域；农田用地主要集中在泾河新城、沣西新城、沣东新城以及秦汉新城中东部地区；大遗址区主要分布在秦汉新城和沣东新城。这些非建设用地除了生态环境功能外，正是构成现代田园城市的重要因素，是社会经济角度支撑城市发展和提升城市品质的重要动力，也是多种城市功能的空间载体，既是"非建设区"，又是"城市功能区"（梁东、樊婧怡、陈健、王晓，2014）。

（三）依托自然水文特征建设海绵城市

1. 海绵城市

海绵城市的本质是改变传统城市建设理念，实现与资源环境的协调发展。在"成功的"工业文明达到顶峰时，人们习惯于战胜自然、超越自然、改造自然的城市建设模式，结果造成严重的城市病和生态危机，而海绵城市遵循的是顺应自然、与自然和谐共处的低影响发展模式。传统城市利用土地进行高强度开发，海绵城市实现人与自然、土地利用、水环境、水循环的和谐共处；传统城市开发方式改变了原有的水生态，海绵城市则保护原有的水生态；传统城市的建设模式是粗放式的，海绵城市对周边水生态环境则是低影响的；传统城市建成后，地表径流量大幅增加，海绵城市建成后地表径流量能保持不变。因此，海绵城市建设又被称为低影响设计和低影响开发。

海绵城市的目的是让城市"弹性适应"环境变化与自然灾害，通过科学合理划定城市的蓝线、绿线等开发边界和保护区域，最大限度地保护原有河流、湖泊、湿地、坑塘、沟渠、树林、公园草地等生态体系，维持城市开发前的自然水文特征。对传统粗放城市建设模式下已经受到破坏的城市绿地、水体、湿地等，综合运用物理、生物和生态等的技术手段，使其水文循环特征和生态功能逐步得以恢复和修复，并维持一定比例的城市生态空间，促进城市生态多样性提升。在城市开发建设过程中，合理控制开发强度，减少对城市原有水生态环境的破坏。留足生态用地，适当开挖河湖沟渠，增加水域面积。此外，从建筑设计开始，全面采用屋顶绿化、可渗透路面、人工湿地等促进雨水积存净化（仇保兴，2015）。

2. 西咸新区海绵城市建设试点

2015 年 4 月，西咸新区获国家财政部、住建部、水利部联合批准为全国首批 16 个海绵城市建设试点之一。在此之前，西咸新区即对标海绵城市建设标准，在新区建立之初就把"地域性雨水管理系统"的理念应用到城市建设中。2015 年 2 月，西咸新区管委会出台《陕西省西咸新区关于加快推进海绵城市建设的若干意见》，编制完成《西咸新区海绵城市建设试点城市三年实施方案》。西咸新区海绵城市建设的主要路径包括通过沣河、渭河、斗门水库等全区水资源统筹安排实现湿地海绵修复；通过渭北帝陵风光带、周秦汉古都风光带及生态农田实现生态海绵保育，构建绿色生态本底；通过道路林带、街头绿地及城市公园形成城市海绵建设体系，构建城市绿网格局。与此同时，利用大数据打造"海绵城市信息化综合管控平台"，对海绵城市建设成效进行评价，并指导项目设计施工（蔡梦晓，2016）。

三、西咸新区现代田园城市建设的具体路径

城市新区把中国的城市化推进到了一个重要的转型时期，城市新区被赋予更多内涵，不仅是现代化优质要素和资源集聚的载体，更是宜居城市和满足人们更多物质文化需求的空间。对于西咸新区而言，创新城市发展方式也是国家参与国际合作与竞争的集成体和综合体。因此，对于西咸新区而言，围绕城市绿带、田园城市和海绵城市建设，重点控制非建设用地，保护和重建城市村庄，强化雨水收集利用，从

而有效避免西安咸阳一体化发展中的城市摊大饼式蔓延，促进城乡协同发展，以及城镇化与资源环境的协调。

（一）通过控制非建设用地建设城市绿心

如上所述，西咸新区存在大量的非建设用地，这些用地一方面用来限制城市组团的蔓延，另一方面，也是支撑城市发展和提升城市品质的重要动力，可以为农民转型发展提供基础。针对西咸新区非建设用地的特点，规划将新区建设用地使用性质明确为 7 类 15 片区，并提出了"类别控制、片区引导"的控制引导方法。从城市非建设用地使用功能出发，以西咸新区总体规划确定的土地利用规划为依据，610 平方千米的城市非建设用地，除 51 平方千米区域设施用地外，按照水域、生态敏感、防护绿林、遗址保护、郊野公园、都市田园、镇村发展 7 类进行控制。在城市非建设用地内，水域、生态敏感、防护绿林、遗址保护四大类用地承担生态防护、历史遗存保护等主要功能，以保护控制为主；郊野公园、都市田园、镇村发展三大类用地占据了非建设用地的大量比例，是承担城市郊区生产、生活、休闲的主要载体，其使用功能较为复杂。所以将郊野公园、都市田园、镇村发展三类用地细分为 15 种片区，对其景观风貌、建设方式、开发模式等方面进行引导，形成多样化的功能类型组合和景观风貌形式。

（二）通过发掘历史文化价值重建城市村庄

城市的发展不仅表现在人口、资源、技术、产业等文明要素的空间化集聚，更体现为生产方式、生活方式、交往方式、文明传承方式的整体性转换（陈文玲，2013）。传统城市在发展过程中通常伴随着村庄的消失，而田园城市最初的设计就主张保留乡村，用城乡一体的新社会结构形态来取代城乡分离的旧社会结构形态（金经元，2007）。因此，现代田园城市建设需要更加重视城市村庄的作用，避免那些各具特色的传统村落及乡土建筑被拆、迁、整、改、并等种种危险，城市村庄的更新也要结合民风习俗、自然环境、优美生态和天然景观等因素，在设计上强调布局紧凑、土地混合使用和住宅类型混合，尽量满足自给自足、和谐的邻里关系、充足的公共空间和紧凑布局（段龙龙、张健鑫、李杰，2012）。与此同时，西咸新区内有汉代帝陵和古代宫殿遗址两大遗址区，包括50余处陵墓遗址和5处古宫殿遗址，历史文化底蕴十分深厚。这决定了西咸新区城市发展必须要处理好城市发展、历史文化保护和开发的关系，把历史文化保护放在优先地位，使历史文化遗迹财富实现保值增值，获得长久和永续利用（陈文玲、周京，2013）。

（三）通过强化水资源弹性利用建设海绵城市

在海绵城市建设过程中，对于非建设用地，重点对河湖水系进行生态修复，对历史遗址带与农田采用保护性的修复。对于建设用地，除了部分区域对老旧管网进行改造，其他地区主要是新建，建设难度和资金需求相较老城区改造要小一些。一方面，通过建立"海绵"，主要包括河、湖、池塘等的水系，以及绿地、花园和可渗透路面等，雨水通过这些"海绵"下渗、滞蓄、净化、回用，最后剩余部分外排。根据西咸新区在沣西新城中心绿廊对雨水收集效果进行的长期跟踪观测，表明通过下凹式绿地和收、渗、蓄设施，雨水收集效果非常明显。另一方面，转变排水系统，从过去主要靠管渠、泵站等"灰色"设施排水，转向强调优先利用植草沟、雨水花园、下沉式绿地等"绿色"措施组织排水。通过雨水分散收集就近利用，多余径流为区内水体补水。雨水采用雨污分流管网收集，结合城市设计，建立屋面—路面、绿地—景观河渠—区域河道的雨水集蓄、利用系统。

四、结论

在国家批复的《陕西西咸新区总体方案》中，西咸新区被定位为创新城市发展方式试验区，在此背景下，西咸新区提出了现代田园城市建设目标并进行了诸多有益的探索。在城市规划上，借鉴国内外城市发展经验，遵循山水格局、历史文脉和现代规划理念，构建起"特大城市—中等组团城市—优美小镇—特色村落"点状网络市镇体系。坚持以人为核心，统筹推进户籍、土地、社保等制度改革，采取多种形式对失地农民进行再就业培训，稳步推进农业转移人口就地城镇化。积极探索农村集体建设用地的节约集约利用方式，通过实施城乡建设用地增减挂钩政策，稳步推进村庄合并集中安置，创新出租、入股等流转形式，有效促进了农用地的规模经营。在保护和传承历史文化方面，坚持以开发促传承，以文化促发展，实现历史文化资源的保护性开发（王陈伟、景龙辉，2016）。在海绵城市建设方面，西咸新区根据本地气候、水文地质、生态环境等特点，形成了针对湿陷性黄土区、干旱地区等的海绵城市建设方式。这为我国西北地区开展海绵城市建设提供了重要的参考和借鉴（张亮，2016）。

本章参考文献

刘涛.国家级新区的理论、实践及其未来研究方向［J］.城市观察，2015（4）：67－73.

李承明.西咸新区升国家级后再思考［J］.西部大开发，2014（Z1）：114－117.

杜尚儒."西咸新区只是个过渡"——访陕西省决策咨询委员会

委员、著名学者张宝通［J］. 新西部，2011（7）：36 - 39.

刘永敬，罗小龙，田冬等. 中国跨界新区的形成机制、空间组织和管治模式初探［J］. 经济地理，2014（12）：41 - 47.

江泽林. 创新城市发展方式 建设现代田园城市——陕西西咸新区对新型城镇化道路的探索和实践［N］. 中国经济时报，2013 - 12 - 12.

谢欣梅，丁成日. 伦敦绿化带政策实施评价及其对北京的启示和建议［J］. 城市发展研究，2012（6）：46 - 53.

埃比尼泽·霍华德. 明日的田园城市［M］. 北京：商务印书馆，2000.

梁东，樊婧怡，陈健，王晓. 现代田园城市非建设用地控制与使用规划探索［J］. 城市规划，2014（6）：87 - 90.

仇保兴. 海绵城市（LID）的内涵、途径与展望［J］. 建设科技，2015（1）：11 - 18.

蔡梦晓. 西咸新区：因地制宜建设海绵城市［EB/OL］. http：// news. xinhuanet. com/city/2016 - 04/26/c_ 128933443. htm.

陈文玲. 把创新城市发展方式作为国家重大战略［N］. 中国经济时报，2013 - 9 - 4.

金经元. 再谈霍华德的《明日的田园城市》［J］. 国外城市规划，1996（4）：31 - 36.

金经元. 我们如何理解"田园城市"［J］. 北京城市学院学报，2007（4）：1 - 12.

段龙龙，张健鑫，李杰. 从田园城市到精明增长：西方新城市主义思潮演化及批判［J］. 世界地理研究，2012（2）：72 - 79.

陈文玲，周京. 创新城市发展方式 协调推进城镇化［N］. 中国经济时报，2013 - 1 - 14.

陈文玲. 创新城市发展方式，推进城市化持续健康发展［J］. 全球化，2013（4）：46 - 55，38.

王陈伟，景龙辉．西咸新区应对经济新常态的新思路和新模式［J］．城市，2016（1）：36－39．

张亮．西北地区海绵城市建设路径探索——以西咸新区为例［J］．城市规划，2016（3）：108－112．

第八章 展望陕西 2050 区域发展框架

2049 年是中国"第二个百年"奋斗目标的见证之年，也是"中国梦"的重要里程碑。在国家发展视角的大背景下，展望 2050 陕西区域发展框架，具有重要的理论和现实指导意义。

一、中国的大国崛起之路

根据上海市发展改革研究院课题组（2016）的研究结论，中国的崛起有其历史必然性，也有相应的部署、谋划和实践的历史逻辑，从改革开放到 2050 年的"第二个百年"可划分为三个阶段，即起步阶段、成长阶段和复兴阶段（见图 8 – 1）。

起步阶段（1978～2001 年）：新中国成立是中国崛起的重要标志，但真正的崛起历程应起步于改革开放。起步阶段即从中国改革开放至 2001 年中国加入 WTO，其崛起的逻辑起点即开放改革，通过开放吸引外部资本和管理理念革新内部体制，播种市场的种子，并积极参与和融入全球化分工，从而实现高速经济发展。经过改革开放 20 多年的埋头和平发展，中国的综合国力不断上升，创造了高速增长的奇迹和举

埋头20多年开放改革 创造高速增长奇迹 经济实力大大增强 人民生活翻天覆地 积累崛起资本条件	借力提升国际地位 深化改革探索新路径 全方位深化对外开放 积极主动参与国际事务	稳居世界第一大经济体地位 拥有全球资源配置能力的金融中心 拥有世界前列的科技实力 拥有相当的全球治理话语权
起步阶段 (1978~2001年)	成长阶段 (2001~2021年)	复兴阶段 (2021~2049年)

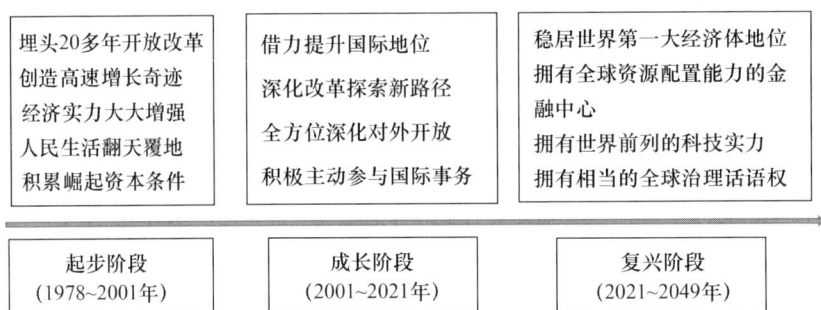

图 8-1 中国大国崛起之进程

世瞩目的成就，人民生活水平不断提高，军事科技等方面取得了很多成果，初步具有了大国崛起的原始资本，具有了参与世界大国之争的资格。

成长阶段（2001~2021年）：中国从加入 WTO 之后开始加速崛起，尤其是 2008 年金融危机之后，世界格局多元调整变革，中国开启了一系列着眼未来的战略部署，在"第一个百年"全面建成小康社会，国际地位与国际影响明显提升。这一阶段中国开始深度融入全球化进程，并通过金融危机展示了自身的能力和地位从而实现战略崛起。2008 年金融危机前中国经济保持了连续多年的两位数增长，成为世界经济增长当之无愧的引擎和驱动力量，开创了举世瞩目的中国模式，并成为世界第二大经济体。与此同时，我国更积极参与国际规则制定和全球治理，全面提升参与国际经济事务的地位，实施了一系列高度开放战略，通过"一带一路"打造陆海内外联动、东西双向开放的全面开放新格局。

复兴阶段（2021~2049年）：在建党 100 周年之际，我国将全面建成小康社会，中华民族站上新起点，中国崛起之路迈上新高度，将向着全面崛起、加速复兴的进程转变，到 2050 年新中国 100 周年诞辰之际，中国将在世界上树立起经济、政治、军事、科技、文化等全方位的引领地位，实现"两个百年"、中华民族伟大复兴的"中国梦"。从崛起的经济表现看，经济规模居于世界前列，我国将继续保持世界经济增长的引擎地位，2020 年 GDP 将超过 100 万亿元，2050 年人均GDP 可能达到 4 万美元左右，稳居世界第一大经济体地位。我国将积极参与全球治理并在其中发挥重要作用，在全球体系内形成中国引领的区域性贸易投资规则体系，实现从全球贸易投资规则的参与者向领导者转变。

二、陕西 2050 区域发展战略框架

根据中国的大国崛起之路，提出以五个主题词为特色的战略理念，以四大战略为统筹的战略思路，以及六个关键策略为构成的战略路径，作为陕西面向未来的区域发展战略框架（见图 8-2）。

战略理念	战略思路	策略响应
● 开放	● 全面融入	● 空间结构优化
● 包容	● 全面开放	● 区域风险应对
● 创新	● 全面创新	● 城市有机更新
● 协同	● 全面协同	● 公共空间配置
● 溯源		● 城市治理创新
		● 文化传承创新

图 8-2 陕西 2050 区域发展战略框架

（一）战略理念

1. 开放

开放体现在两个方面：一是对外部的开放，包括"走出去"吸收

先进地区的思想观念，引进技术、资本和人才等，融入整个国家乃至全球，并在此过程中顺势而为、把握机遇、应对挑战。二是对内部的开放，包括顺应城市发展的一般规律，前瞻性地做好城市与区域发展规划，为本地居民提供更多的选择空间和机会，为企业发展创造更宽松的商务环境等。

2. 包容

包容主要体现为三个方面：一是对大城市的发展持包容态度，允许和促进西安在市场机制作用下向超大城市迈进。二是对企业发展采取藏富于民的战略，大幅降低企业生存发展的制度性成本。三是对民众提高生活质量要求的包容，根据城市发展需要增加基础设施供给，注重通过供给管理满足人民群众的生活需求而不是从需求侧进行控制。

3. 创新

创新体现为全面的创新，主要包括三个方面：一是思想观念的创新，这首先表现为政府理念和行政行为的创新，通过政府理念转变和行政方式优化向人民群众传递创新理念和价值观，进而促进全社会创新意识的形成。二是城市发展方式创新，包括城市规划、城市治理、城市文化等方面，形成敢于创新、善于创新、惯于创新的城市文化。三是经济形态上的创新，即形成要素围绕创新资源进行配置、创新渗透到经济社会发展各个方面、创新发挥驱动经济增长核心作用的经济形态，具体表现为前沿科技、新兴产业、新兴业态、新兴模式的全面引领，形成内生的创新动力与活力。

4. 协同

协同表现为发展的整体性，具体体现在如下三个方面：一是区域层面的协同，包括关中、陕南、陕北的协同发展，关中城市群的协同发展和西安、咸阳的协同发展。二是城市层面的协同，主要是城市建设和公共服务以及公共空间配置的协同。三是经济与社会领域的协同，促进经济增长。

5. 溯源

溯源即回归区域和城市发展的本来目的，其核心是以人民群众的收入提升和幸福感获得为一切工作的依归。在区域和城市发展过程中，不管我们遇到什么问题，都要回过头来思考这个根本问题。具体表现在两个方面：一是区域发展最终是人民群众选择的结果，政策制定要顺应这一趋势而不是相反，如人民群众想进城我们就不要强行将他们留在农村，人民群众希望到大城市我们也不要强行将他们留在小城市等。二是城市发展是为满足人民群众获得更好收入和更方便舒适生活的需要而不是其他。因此，城市的规划设计建设必须围绕人民群众的生活需要这一初衷进行展开。

（二）战略思路

1. 全面融入

全面融入体现为两个方面：一是融入国家战略，与中国大国崛起、与中国第二个百年目标有效衔接，在"一带一路"战略格局下谋求陕西的战略定位和跨越发展。二是顺应经济全球化发展趋势，遵循城市发展一般规律，在西安国家中心城市定位的基础上，进一步提升城市能级，加快西安建设世界城市步伐。

2. 全面开放

以"一带一路"建设为契机，以丝绸之路经济带核心节点为依托，集聚整合高端要素资源，促进经济开放与要素自由流动。与此同时，对内在"放管服"的基础上，继续深入进行商事制度改革，为各类经济主体减负松绑，打造国内一流生机勃发的创新创业环境，促进陕西内陆改革开放新高地建设。

3. 全面创新

全面创新对陕西而言，一是营造鼓励大胆创新、勇于创新、包容创新的创新文化。二是创新人才开发利用机制，陕西总困惑自己的科技人才资源优势没有能够转变为经济优势，核心的问题在于不会使用人才，没有用好人才。三是健全技术创新市场导向机制、激励机制、多元投入机制、技术交易机制和成果转化机制，促进科技创新与经济社会发展融合。

4. 全面协同

全面协同战略表现为两个层面：一是从"块块"来看，要继续促进关中、陕南、陕北区域协同发展，推动关中城市群协同发展，加快西安、咸阳协同发展；二是从"条条"来看，包括协同推进区域基础设施相连相通、功能产业互补互促、资源要素对接对流、公共服务共建共享、生态环境联防联控等。

（三）策略响应

1. 空间结构优化

树立开放布局、主动作为、积极行动的战略思维，推进行政融合与城市空间整合，加快咸阳并入西安步伐，科学论证陕西省直机关迁入渭河以北的必要性和可行性，优化城市空间结构，实现西安从"单中心"向"双中心"城市空间格局的转型，打造与未来城市功能相匹配的多层次战略性空间板块，对接经济全球化、参与国际竞争。

2. 区域风险应对

区域风险应对包括两个方面：一是针对资源性地区和人口流出区域，如何识别区域风险以避免衰退发生，或者在衰退不可避免时启动应急预案做好善后工作。二是针对人口流入地区，如何及早感知经济信号，提前规划布局做好准备，或者即使不能预见，但在面对经济主体的行动时能够因势利导采取"疏"而非"堵"的行动。

3. 城市有机更新

完善城市有机更新机制，积极探索实施工业、商业、办公、居住等综合用地复合开发的土地政策，促进产城融合、功能提升，形成空间紧凑、适度混合的土地利用模式。建立多元主体共同参与的城市更新推进机制，制定针对性的城市更新政策体系，以公共政策为指导，形成完善的利益分配机制、补偿机制、纠纷解决机制，促进城市更新健康有序运行。

4. 公共空间配置

聚焦关系人民群众生活的教育、医疗卫生等公共服务领域，增加学校和医院等公共产品供给，优化公共空间配置；统筹区域生态和水绿资源，布局各类公共开放空间，提升城区休闲游憩品质；完善层级丰富的公园体系，提升城市公园的家庭休闲、文化艺术、户外运动等功能。

5. 城市治理创新

根据城市未来发展的特点和规律，围绕"法治、共治、善治"、"活力、高效、有序"的要求，以"依法治理"为前提，以"联合共治"为手段，以"制度建设"为突破，创新城市治理体制，改进城市治理方式，提升城市治理能力，构建形成与未来城市发展定位相适应的社会治理体系，打造国际一流的和谐文明之都。

6. 文化传承创新

构建覆盖城乡全域的历史文化风貌保护体系，推进格局式保护，既保护遗产的建筑和文化价值，又保护空间机理和空间关系。挖掘和提升城市历史文化内涵，塑造古都城市文化特色，促进国际文化交流，构建全方位开放文化格局，形成具有国际影响力的城市文化品牌，提升西安城市文化的全球吸引力和影响力。

三、可能出现的区域情景

基于前述对陕西区域发展的分析及中国的大国崛起之路，未来陕西区域发展过程中可能呈现如下两种区域情景，而且这两种区域情景是同时发生的。

1. 陕西一半以上的人口将居住在西安

根据世界城市发展的一般规律，结合中国的大国崛起之路，到2050年"第二个百年"之际，陕西将会有一半以上的人口居住在西安，西安也将成为拥有2000万人口的超大城市。为此，我们应该乐观看待，并积极做好准备迎接这一时代的到来，在此过程中，政策制定和规划编制要体现前瞻性，未雨绸缪，及早应对。

2. 一些城市会出现收缩和衰退

在上述第一种情形下，陕西另外一些城市会出现人口流出和城市收缩，部分依资源开发成长起来的城市不可避免地会衰落。当然，这一切并不可怕，因为到那时候政策对劳动力流动的限制将大大减弱，社会保障体系也已经比较完备，因此社会有足够弹性消化这一现象，我们需要做的就是适应这一切。

本章参考文献

上海市人民政府发展研究中心. 上海2050：面向未来30年的上海发展战略研究平行报告［M］. 上海：格致出版社，上海人民出版社，2016.